KB134020

러시아
혁명사
강의★

러시아 혁명사 강의★

다른 미래를
꿈꾸는 사람들에게

박노자 지음

나무연필

머리말

러시아 혁명,
미완의 해방 프로젝트

안기부의 칼날을 피해가면서 여러 운동권 출판사들이 레닌의 책을 번역해 찍어내고, 지하 서클에서 그 책들을 필독서로 읽었던 1980년대는 이제 오래된 역사입니다. 소련 몰락 이후 정체성의 혼란을 느낀 마르크스레닌주의자들이 결국 사민주의자나 '포스트' 담론 신봉자가 되었던 1990년대 초반도 이제는 거의 역사 연구의 주제에 가깝습니다. 레닌이나 트로츠키, 스탈린에 대한 긍정뿐만 아니라 이들에 대한 부정이나 비판도 지금에 와서는 옛일처럼 여겨지지요. 이들이 사용했던 용어마저도 이제는 유교의 '사단칠정四端七情'이나 '인의염치仁義廉恥'처럼 역사의 유물로 보일 정도이고요.

'전위정당'이라는 말을 떠올려보세요. 온라인 투표를 통해 민주적으로 각종 의사 결정에 참여할 수 있는 이 시대에, 노동자들이 어떤 전위에 '계몽'되어 그 명령을 그대로 따르는 일이 벌어질 수 있을까요? 지금의 노동자라면 직업 활동가들에게 그 무엇보다도 철저한 민주성부터 강력하게 요구할 겁니다. '무산계급 독재'라는 말 역시 마찬가지입니다. 삼성 왕국의 독재부터 무너뜨리고 싶어 하는 오늘날의 무산계급은, 또 다른 독재보다는 경제에 대한 민주적이고 사회적인 통제를 원할 겁니다.

레닌은 '무산계급 독재'가 정권을 잡기만 하면 과학기술의 '진보'가 인류의 해방에 기여할 것이라고 보았습니다. 이런 나이브한 기술 낙관주의는 체르노빌과 후쿠시마를 목도한 세대에게는 과거의 유물로밖에 보이지 않을 거예요. 말기의 소련과 일본을 무산계급 독재라고 볼 순 없지만 그래도 급진 좌파에 가까운 집단이 거기에서 정권을 잡았을 때도 그런 종류의 일은 벌어질 수 있지 않았겠습니까? 근대적 과학기술의 발전에 환경 파괴와 억압의 가능성이 내재되어 있다는 것을 우리는 익히 잘 알고 있지요. 급진 세력이 집권하면 가부장제가 해체되면서 저절로 여성 해방이 이루어질 거라는 나이브한 생각 역시 버린 지 오래되었고요.

세상은 변했습니다. 혁명을 상상하는 틀도 바뀌었습니다. 그럼에도 불구하고 왜 100년 전인 1917년에 벌어진 러시아 혁명을 현재형으로 생각해봐야 할까요? 그 속에 지금까지 여전히 유효한 화두와 교훈이 들어 있기 때문 아닐까요? 이 책에서 다루고자 한 것이 바로 그러한 것들입니다.

혁명의 한가운데 있던 주역들

러시아 혁명에 참여했던 대다수는 귀족과 부호 등이 소유한 농장을 몰수해 이를 농민 공동체 구성원들과 평등하게 분배하려 했던 농민들이었습니다. 국민총생산에서 농업이 사교육이나 유흥업보다 더 작은 몫을 차지하는 대한민국으로서는 '급진적 토지개혁'이 시의적절한 의제가 아닐지도 모르겠습니다. 하지만 농촌에 봉건적인 농장 경제가 상당 부분 남아 있는, 인도나 파키스탄 같은 주변부 사회에서 토지개혁은 여전히 유효하고 중요한 문제입니다.

한편 농민들의 혁명을 급진적으로 이끈 것은 자본주의 사회에서 그 어떤 희망도 보지 못했던 러시아 도심의 대기업 숙련공들이었습니다. 오늘날 한국의 극우 신문들은 상대적으로 고임금을 받는 일부 중공업 숙련 노동자들에게 '노동 귀족'라는 당치도 않은 말을 사용해대고 있지요. 1917년 이전의 제정러시아에서도 볼셰비키의 지하조직이 가장 탄탄했던 수도 상트페테르부르크(제정러시아 시대의 오랜 기간 수도였으며, 1914년 '페트로그라드'로 개칭되었다가 1924년 레닌이 죽자 그를 기념하여 '레닌그라드'로 불렸다. 페레스트로이카 이후인 1991년 옛 이름을 되찾았고, '페테르부르크'로 약칭해서도 불린다)의 금속 공장에서는 일부 고숙련 노동자들이 한 달에 50~60루블의 임금을 받았습니다. 이는 러시아의 하급 사무원이나 최하급 장교의 월급과 맞먹는 상대적 고임금이었지요. 그렇다고 해서 그들이 '귀족'이었을까요?

러시아에서 노동자들은 잔업을 포함해 하루 10~11시간의 고강도 노동에 시달렸고, 비좁은 셋집에서 살았으며, 권위주의적인 공장 당국의 '갑질'에 끊임없이 시달렸고, 불경기라도 닥쳐오면 정리해고를 당하는 게 수순이었습니다. 그들에게 러시아의 준주변부적 자본주의는 그야말로 지옥이었어요. 한번 노동자가 된 이상 그들에게는 신분 상승의 가능성이 거의 없었으며, 집안에 고등학교(김나지움)나 대학 입학에 필요한 사교육을 시킬 만한 돈이 없는 이상 아이들도 평생 세습 노동자로 살아야만 했습니다. 장시간의 고강도 노동, 하우스 푸어house poor로서의 고달픈 삶, 회사의 '갑질', 신분 불안, 가난과 중노동의 대물림……. 이 모든 게 오늘날 대한민국 상황에 대한 간추린 묘사처럼 들리지 않는지요?

레닌은 이 노동자들에게 더 이상 지옥과 같은 조건에서 노동을 팔지 않아도 되는 새로운 사회, 즉 사회주의의 비전을 제시했습니다. 트로츠키는 새로운 사회를 건설하는 과정에서 상실돼가는 민주성에 대한 자각을 일깨우려 했습니다. 스탈린은 국가 주도 개발의 붐 속에서 신분 상승의 가능성을 제시했습니다. 각각의 시기와 상황에 따라 노동자들 일부는 레닌을, 트로츠키를, 또 스탈린을 따르기도 했지요. 스탈린이 건설한 사회는 혁명이 내걸었던 애당초의 약속에 비해 훨씬 보수적이었음에도 불구하고 말입니다.

농민, 노동자와 함께한 혁명의 또 다른 세력은 종족적 소수자였습니다. 이 책에서 집중적으로 다룬 세 명의 지도자 중 트로츠키가 유대인이고 스탈린이 그루지아(현재의 조지아) 출신이라는 것, 즉 두 사람이 소수민족 출신이라는 점은 우연이 아닙니다. 러시아 제국의 인구 다수는 러시아인이 아닌 소수민족이었으며, 그들은 많은 경우 정치적 억압과 경제적 초과 착취에 극심하게 시달렸습니다. 유대인을 대상으로 이동과 거주의 자유를 제한하고 고등학교와 대학 입학을 막는 법률만 해도 600여 개나 있을 정도였어요. 가난한 농촌 지역인 그루지아 같은 곳에서는 러시아어를 배우고 지배 민족에 동화되는 것이 출세의 유일한 길이었습니다.

이런 상황에서 연해주 지역의 고려 사람들이 볼셰비키 혁명에 열광한 것은 결코 우연이 아니었습니다. 고려 사람들은 대부분 국가로부터 토지를 분배받지 못한 '여호餘戶(러시아 국민이 아닌 법적 외국인)'였으며, 러시아인의 토지를 소작으로 빌려 경작하면서 온갖 착취와 수모, 폭력과 폭언을 참아야만 했습니다. 그들에게 레닌의 혁명은 조선의 해방을 꿈꿀 가능성을 담고 있으면서 동시에 '당장 여기에서의' 신분적·경제적 해방을 그려볼 수 있는 희망이었습니다. 그 희망이 1920~30년대에 소수민족을 우대하는 '토착화' 정책으로 어느 정도 실현됐다가 1937년 스탈린의 강제 이주 정책으로 꺾이고 만 것은 러시아 혁명의 보수화가 어떤 비극으로 이어졌는지를 여실히 보여주지만요.

그런데 민족적 억압과 경제적 초과 착취의 중첩이 과연 제정러시아만의 문제일까요? 대한민국만 보더라도 외국인 노동자들이야말로 가장 집중된 경제적 착취를 당하면서 각종 신분적 제약('불법 체류'나 단기 체류에 따르는 개인의 자유 한정)으로 말미암아 국가로부터 억압과 감시, 가중된 통제를 받고 있지 않은가요? 외국인 노동자의 비율이 한국보다 몇 배나 높은 유럽에서는 계급적 해방 투쟁과 종족적 억압·배제에 반대하는 투쟁의 유기적 관계를 바로 실감할 수 있습니다. 그런 의미에서 인류 역사상 노동자·농민 혁명과 소수자 혁명을 결부시킨 러시아 혁명의 교훈을 잘 되새겨야겠지요.

반면교사로서의 러시아 혁명

러시아 혁명은 긍정적 교훈을 제공하면서도 일종의 반면교사가 되기도 합니다. 이를 공부하다 보면, 혁명의 주체가 되었을 때 무엇을 경계해야 하는지 알 수 있어요.

레닌이 『국가와 혁명*The State and Revolution*』(1917)에서 선보인 구상과 달리, 레닌과 볼셰비키는 1918년에 상황의 논리에 떠밀려 러시아라는 '국가'를 재건해야 했습니다. 징병제 상비군과 비밀경찰을 보유하게 되었고, 노동자들이 자율적으로 공장을 관리하는 게 아니라 중앙집권적으로 생산력을 통제하는 국가를 만들게 된 것이지요. 혁명을 보위하는 차원에서는 불가피한 조치였는지도 모릅니다. 하지만 이런 보위 속에서 혁명은 사실상 퇴보를 거듭할 수밖에 없었어요. 1920~21년에 급진적 반대파는 노동계급에 대한 당의 독재를 규탄하면서 노동자의 대표 기관인 노조에 공장 관리를 이양할 것을 당에 요구했습니다. 그런데 이 요구를 거절하고, 이러한 정파의 출현을 막는 데 앞장섰던 것이 바로 레닌이었다는 사실도 잊지 말아야 합니다.

혁명 지도자를 거쳐 국가 지도자가 된 이들은 국가의 내재적인 규율 논리에 포획되어 일사불란하고 위계질서적인 '통제'를 내세웠습니다. 민주주의에도 관심을 기울였던 레닌은 이와 동시에 국가기관에 대한 노동자·농민의 아래로부터의 감시 등을 강조하긴 했습니다. 하지만 스탈린 시대에 이르면 민주성보다는 '개발'만이 관심사가 돼요. 당의 국가화와 혁명의 보수화 초기 단계는 레닌의 생전에 이루어진 만큼, 차후 권력 다툼에서 트로츠키가 스탈린에게 패배한 것은 거의 예정된 수순이었지요. 혁명의 보수화는 이미 대세였으며, 스탈린의 '일국一國 사회주의 건설' 같은 개발주의적 담론이 머지않아 주류를 차지하게 됩니다.

한국에서 박정희 시대의 개발이 그러했듯, 스탈린 시대의 개발 역시 잔혹했습니다. 곡물을 싼값에 국가에 팔아야 했던 농민들은 궁핍한 삶을 강요당했으며, 1932~33년에는 대량 아사 사태까지 벌어졌습니다. 노동자들 역시 일터에서 장시간 잔업에 시달렸고, 사람들로 가득 찬 공장 기숙사나 공동주택에 살면서 배급으로 나온 얼마 되지 않는 식량으로 주린 배를 채워야 했어요.

그런데 박정희의 '백색 개발주의'와 스탈린의 '적색 개발주의'

사이에는 현저한 차이가 있었습니다. 후자의 경우, 일찌감치 기초적인 복지 제도를 갖춰 무상의료를 실시했고, 일부 전후戰後 시기를 제외하고는 무상교육이 이뤄졌으며, 노후 연금제도도 마련했습니다. 이외에도 노동자, 농민과 그 자녀들의 신분 상승 기회를 보장하는 등 친민중적인 시스템을 만들어갔습니다. 혁명을 거친 사회인 만큼 그렇게 할 수밖에 없기도 했어요.

1980년대 한국의 운동권들이 레닌과 소련을 지나치게 이상화했던 것은 분명 문제가 있습니다. 하지만 실제로 긍정적이었던 부분에 대한 명확한 조명도 필요해요. 제가 살았던 당시의 레닌그라드 공장 지대에서는, 일반 노동자들이 1950~60년대 이후 대량 건설된 아파트와 별장을 소유할 수 있었습니다. 원하기만 하면 언제든 대학에 들어가 무상으로 공부할 수 있었고, 아프면 무료로 의사를 자기 집까지 부를 수 있었으며, 노후까지 전부 철저하게 보장되었어요. 이러한 소련 노동자의 삶은 같은 시대 대한민국 구로공단 노동자의 삶보다는 훨씬 편안하고 안정적인 것이었지요. 당시의 소련이 사회주의를 구현했다고 보는 건 과장이겠지만, 적어도 민중들 입장에서는 살 만한 세상이었습니다.

원칙적으로 사회주의는 아래로부터의 민주적인 관리와 통제를 기반으로 합니다. 그런데 이게 사라지고 간부들의 공장 사유화 욕망이 불거지면, 결국 오늘날과 같은 야만적 자본주의로 변질될 수 있다는 것도 기억해두어야 할 사실입니다. 민주주의 없이, 아래로부터의 적극적인 참여와 감시 없이는 그 어떤 사회주의도 불가능하다는 것이 러시아 혁명이 준 가장 큰 교훈이 아닐까요.

새로운 혁명의 파도를 준비하며

러시아 혁명은 러시아가 자본주의로 복귀하면서 한 주기를 완주했지만, '혁명' 자체는 아직 끝나지 않았으며 끝날 수도 없습니다. 후기 자본주의 구조에서는 다수가 신분 상승이 아닌 신분 하락을 겪을 수밖에 없으며, 상위 15~20퍼센트를 제외하면 다음 세대의 경제 상황은 그전 세대보다 더더욱 악화될 겁니다. 안정된 직장이 없는 청년층의 절반 이상에게 결혼은 물론 연애도 사치처럼 취급될 거예요. 등록금을 버느라, 생활비를 버느라, 그래도 졸업장을 얻어 취직해보겠다는 일념으로 공부를 하느라 숨 쉴 틈 없이 일해야 하는 수많은 한국 대학생들의 삶은, 어쩌면 1917년 이전 제정 러시아의 고숙련 노동자들보다 더 힘들지도 모르겠습니다.

이런 사회라면 새로운 혁명의 파도가 몰아치는 것은 시간문제일 겁니다. 그러하기에 우리는 러시아 혁명이 남긴 긍정적·부정적 교훈을 철저히 학습해야 하지 않을까요. 그 과거 속에 미래의 씨앗이 있으니 말입니다.

차례

일러두기

1 이 책은 2007년부터 2016년에 있었던 필자의 강의 녹취록을 수정·보완해 만들었다.

2 이 책에서 '러시아'는 맥락에 따라 제정러시아부터 소련을 거쳐 페레스트로이카 이후의 러시아연방까지를 모두 가리키는 개념으로 사용했다.

3 러시아어를 한글로 표기한 주요 인명, 지명, 저서명 뒤에는 실용적 편의상 영문명을 병기했다.

4 단행본은 겹낫표(『 』), 단편·논문·문서는 홑낫표(「 」), 신문·잡지는 겹꺾쇠표(《 》), 미술작품·영화는 홑꺾쇠표(〈 〉)로 표기했다.

1강

블라디미르 일리치 레닌,
이상적 사회주의 혁명을 꿈꾸다

▼ ▼ ▼

개인사를 돌이켜보면 저는 블라디미르 일리치 레닌Vladimir Ilich Lenin(1870~1924)과 연관지어 회고할 부분이 꽤 있습니다. 제 조부모님은 열성적인 공산주의자셨는데, 그래서였는지 제 이름을 레닌의 본명에서 따와 블라디미르라고 지어주셨어요. 저는 레닌의 이름을 딴 레닌그라드에서 자랐는데, 그 도시의 도처에서 레닌의 이름을 볼 수 있었고요. 레닌 이름을 딴 지하철을 타고 레닌 거리에 내려서 레닌에게 훈장을 수여받은 레닌그라드 국립대학(현재의 상트페테르부르크 국립대학)에 다니는 식이었지요.

그런 환경에서 성장해서였는지 어린 시절 저에게 레닌은 절대적 존재였습니다. 한국 사회에서는 1920~30년대 공산주의자를 비롯한 진보적 지식인들이 레닌에 관심을 가졌습니다. 1980년대에 사회운동이 활기를 띠면서 다시 그의 이름이 회자되었지요.

레닌은 매우 부지런히 글을 쓰는 인간이었습니다. 페레스트로이카 직전 소련에서 새로운 레닌 전집의 출간 계획을 세웠을 때 총 분량이 70권이나 될 만큼 그는 방대한 양의 글을 남겼습니다. 하지만 소련이 몰락하면서 이 계획은 실현되지 못하지요. 후기의 소련에서 최종적으로 나온 레닌의 전집(제5판)은 총 55권으로 구성돼 있습니다. 레닌의 글 가운데 각종 편지를 비롯한 사적인 글들은 오랫동안 빛을 보지 못했어요. 위대한 지도자의 이미지를 훼손한다는 이유에서였을 겁니다. 나중에 페레스트로이카의 바람이 불면서 고르바초프를 추종했던 관리들이 공산주의 사상을 폄하하기 위해 이 글들을 의도적으로 공개하지요.

이때 공개된 편지 하나를 예로 들어보겠습니다. 1917년 러시아 혁명이 일어난 이후 1920년까지의 러시아는 매우 잔혹한 내전의 시기였습니다. 당시에 레닌은 어느 지방의 동지에게 "부농들을 잡아들인 후 모두가 보는 데서 교수형을 집행하십시오. 그래야 농민들의 피를 빨아먹는 부농들이 겁을 먹고 떨게 될 겁니다"라는 편지를 보냅니다. 레닌은 이와 유사한 잔인한 내용의 편지들을 여럿 썼고 그것들이 소련 몰락에 발맞춰 공개되었지요. 레닌이 이런 편지들을 보내긴 했어도 실제로 그런 조치가 취해지진 않았습니다. 그가 '총살'이나 '교수형' 같은 단어를 쓴 건 대부분 어떤 투쟁이 사활을 걸 만큼 절실하다는 걸 강조하기 위해서였어요. 하지만 페레스트로이카 시절에는 이런 사실을 잘 언급하려 하지 않았지요.

학교에서 레닌을 아이들의 머리를 쓰다듬어주는 천사형 인간이라고 배운 저로서는, 이런 편지들을 읽고 너무 충격을 받아서 레닌으로부터 등을 돌렸습니다. 이 글들은 레닌의 사상을 지워버리기 위해 공개된 것인데, 저 역시 그 흐름에 휩쓸렸던 것이지요. 사실 부농에 대한 공산주의자들의 극단적인 대처 방식은 당시 부농들이 공산주의자들을 다룬 방식과 한 치도 다르지 않습니다. 양쪽 모두 잔혹했지요. 한데 당시에 저는 내전이라는 격동적 상황은 살피지 못한 채 레닌의 잔혹성에만 주목했던 겁니다.

그러다가 1999년 나토NATO(북대서양조약기구)의 세르비아 공습을 계기로 저는 상당히 뒤늦게 레닌에 대해 흥미를 느끼고 다시금 그의 사상을 들여다보게 되었습니다. 이 공습은 나토 창설 50년 만에 처음으로 주권국가를 상대로 한 무력행사였습니다. 당시에 유럽의 온건 좌파들은 대부분 이 공습에 동의했어요. 영국 노동당은 이를 주도하기까지 했고, 노르웨이의 급진 좌파 정당인 사회주의좌파당Sosialistisk Venstreparti은 내부에서 격론을 벌였지만 결국 폭격을 지지한다는 성명서를 발표했습니다. 그야말로 1914년 제1차 세계대전의 망령을 떠올릴 만큼 유럽 좌파들이 다시 한번 지배자들이 벌이는 전쟁의 광풍에 줄을 서기 시작한 것이지요.

이때 느꼈던 유럽 사민주의자들에 대한 배신감은 자연스레 그들을 통렬하게 비판했던 레닌을 꺼내들게 만들었습니다. 이후 레닌의 글들을 읽고 그의 사상을 반추해보면서 현재의 시각으로 이를 재평가해보면 좋겠다는 생각을 하게 되었지요.

형의 죽음 이후
러시아 인민주의의 영향이 드리우다

레닌은 본명이 블라디미르 일리치 울리야노프Vladimir Ilich Ulyanov이며, 1870년 볼가강 중류의 아름다운 도시인 심비르스크(현재의 울리야놉스크)에서 태어났습니다.

그가 레닌이란 필명을 갖게 된 경위는 상당히 재미있는데요. 러시아의 정세가 불안해진 1905년 이후 레닌은 위험이 닥치면 서구로 피신했다가 다시 러시아에 들어오곤 했습니다. 그때마다 위조 여권을 사용했는데, 단 한 번도 러시아 당국에 적발되지 않았지요. 한 번은 어떤 사람이 돌아가신 자기 아버지 여권을 레닌에게 건네주었고 레닌이 이를 위조해 사용했는데, 이 여권의 주인이 바로 니콜라이 레닌이었습니다. 이후 레닌은 '레닌'이라는 성을 자신의 필명으로 쓰기 시작했고 이게 본명처럼 회자된 겁니다.

레닌의 가계 중 외가를 먼저 살펴보면, 그의 외조부인 알렉산드르 블랭크Alexander Blank(1804~1870)는 스웨덴계 유대인 출신 군의관이었습니다. 제정러시아는 철저하게 종교 차별적인 국가였어요. 기독교인이라면 루터교 신자든 천주교 신자든 개의치 않았지만 비기독교인, 특히 유대교인에게는 대단히 불리한 사회였습니다. 유대인으로는 신분 상승을 할 수 없었기에 레닌의 외조부는 러시아정교로 개종을 했지요. 이후 군의관이 되었고 승승장구하며 출세를 했습니다. 생을 마감하기 전에는 세습 귀족의 반열에까지 올랐지요. 코쿠시키노Kokushkino라는 농장을 보유했고 1861년의 농노제 혁파 이전까지는 농노도 소유했습니다. 제정러시아 시절에 레닌은 각종 신청서에 자신이 세습 귀족임을 밝히는 등 그 사실을 굳이 숨기려 하지 않았지요.

한편 그의 외조모는 부유한 독일계 상인 가정 출신이었는데, 이런 집안 배경 덕분에 레닌은 읽고 쓰는 데 무리가 없을 만큼 거의 모국어처럼 독일어를 구사했어요. 지금으로 말하자면 다문화가정에서 성장한 셈인데, 이는 레닌이 제1차 세계대전 때 국제주의적 입장을 취한 것과 연관지어 생각해볼 수 있습니다. 그에게는 국가나 국적 같은 개념이 그리 중요하지 않았던 겁니다.

레닌의 친가를 거슬러 올라가보면 농노 출신의 수공업자 집안으로 비교적 한미한 가문이었고, 레닌의 아버지 일리야 울리야노프Ilya Ulyanov(1831~1886) 역시 가난한 가정에서 태어났습니다. 하지만 그는 자본화되어가는 러시아에서 지방 학교 교사로 교직 생활을 시작한 후 자수성가해서 심비르스크 도道의 교육감에까지 올랐습니다. 이때의 품등品等은 '국가 자문관State Councillor'으로, 이는 군대와 비교하자면 장군급과 같은 수준이었습니다.

1870~80년대의 러시아는 중세의 잔재에서 벗어나 자본주의적 발전이 가속화되는 과정에서 자유주의에 대한 열망이 상당히 컸습니다. 일본의 경우 이 시기가 메이지유신 초창기인데, 이때의

1879년 촬영한 레닌의 가족사진. 앞줄 오른쪽에 앉아 있는 소년이 레닌이다.

사회 분위기 역시 러시아와 상당히 유사했지요. 레닌의 집안은 가정 잡지를 발행하면서 다양한 외국어 사용을 장려하는 등 대단히 개방적이고 자유로운 분위기였습니다. 아이에게 각자의 방을 주고 부모가 아이를 체벌하지 않는 등 아이들을 존중해주었어요. 이처럼 근대적 자유주의의 세례를 받은 가정에서 성장한 것은 이후 레닌에게 큰 영향을 미쳤을 겁니다.

어린 시절 레닌과 교유했던 이들의 증언을 들어보면, 그는 공부를 무척 잘하는 모범생이었다고 합니다. 자신감이 대단했고 가정에서는 천재로 인정받았다고 해요. 혁명가들은 어린 시절부터 그 나름대로의 반골 기질이 있었을 거라고 상상하기 쉬운데, 모범생

레닌 같은 경우 어린 시절이라기보다는 청년기부터 체제에 대한 반감이 생긴 겁니다. 그는 1887년 자신의 형인 알렉산드르 울리야노프Aleksandr Ulyanov(1866~1887)가 황제 암살 기도에 가담해 사형을 당하면서 본격적으로 사회문제에 눈뜨게 됩니다.

알렉산드르는 상트페테르부르크 황립대학 재학 시절 인민주의 성향의 혁명 조직에 가입, 사회를 근본적으로 바꾸려면 최고위층을 제거함으로써 민중에게 혁명적 자극을 주어야 한다는 이론에 입각해 보수적인 황제로 유명했던 알렉산드르 3세를 암살할 계획을 세웁니다. 하지만 밀고에 의해 계획이 발각되지요. 당시에는 황제 암살을 기도한 사람을 극형에 처하는 것이 원칙이었지만, 공개 반성문을 쓰고 전향할 경우에 종신형으로 감형해주었습니다. 어머니는 반성문을 쓰라고 알렉산드르를 회유하지만, 그는 이를 거부합니다. "혁명이란 혁명가와 황제 사이의 결투입니다. 음모를 꾸몄다는 것은 우리가 먼저 황제에게 권총을 쐈다는 것이지요. 권총을 쏴놓고서 상대방의 권총을 피하는 것은 인간의 도리가 아닙니다." 이처럼 비상한 정직함과 용기를 보이며 그는 자진해 교수형을 감수합니다.

이처럼 알렉산드르에게는 살신성인의 지사적 면모가 있었지만 동시에 그는 철저한 엘리트주의자이기도 했습니다. 혁명가는 혁명적 전위로서 직접 행동을 통해 황제와 그 이하 관료들을 암살함으로써 계몽의 대상인 민중을 뒤흔들어 그들을 혁명으로 이끌어

로마노프 왕조에서 가장 반동적이었던 알렉산드르 3세는 암살자를 몹시 두려워해 자신을 보호하기 위해 갖은 수단을 다 썼던 것으로 유명하다. 미국의 유머 잡지 《퍽*Puck*》에 수록된 알렉산드르 3세에 대한 풍자화.

야 한다고 생각했지요.

알렉산드르의 이러한 인민주의적 사상과 실천은 레닌에게 큰 영향을 미칩니다. 형의 죽음 이후 레닌 역시 당국의 감시 대상이 되었어요. 출세를 하려면 자기 형을 공개적으로 부정하면서 자신이 '믿음직한' 보수 반동임을 입증해야 했는데 레닌은 그럴 수 없었습니다. 이를 계기로 그는 모범생으로서의 삶을 버리고 체제가 형을 죽였다고 생각하면서 체제에 비판적인 방향으로 나아갑니다. 다만 형의 죽음에서 영웅주의적 운동 노선의 한계를 통감하며 대중적인 운동 노선을 고민하게 되지요.

그는 카잔 대학 법학과에 입학하지만 불법 집회(학생 데모)에 참석했다는 이유로 제적당합니다. 이후 집에서 공부하고 학교에서 시험을 보는 '원격 학생' 신분으로 상트페테르부르크 황립대학 법학부를 다녔으며 변호사 자격증도 취득합니다.

이 시절 레닌은 홀로 공부하면서 반체제 서적에 빠져듭니다. 당시 러시아에서는 마르크스의 저서들이 합법적으로 유통되고 있었습니다. 러시아 당국은 이 책들에 암살과 파괴에 대한 직접적인 선동이 없으니 이 책들을 읽은 인민주의자들이 암살을 포기할지 모른다고 여기기도 했고, 러시아는 아직 자본주의 국가가 아니라는 생각에서 마르크스의 자본주의 분석이 러시아에 해당하지 않는다고 여겼기 때문에 그의 책들이 금지하지 않은 것이지요. 레닌은 이 시기에 마르크스의 책들을 비롯해 러시아 인민주의를 담은 책들을 탐독해나갑니다.

당시에 레닌이 감명 깊게 읽은 책은 러시아 인민주의 전통의 진수인 니콜라이 체르니솁스키Nikolay Chernyshevsky(1828~1889)의 『무엇을 할 것인가』(1863)였습니다. 이는 체르니솁스키가 정치범을 수용하는 감옥인 페트로파블롭스카야 요새에 투옥되었을 때 집필한 소설로, 당대 러시아 인민주의 혁명가들의 이상주의적 생활이 다소 과장된 필치로 묘사되어 있습니다.

레닌은 이 소설의 주인공 중 한 사람인 라흐메토프에게 깊이 감정이입합니다. 라흐메토프는 못을 박은 널빤지 위에서 잠을 자면서 혁명가로서의 인내심과 희생정신을 키우는 등 그야말로 사생활 없는 멸사봉공의 정신으로 매 순간 모든 생각이 오로지 혁명으로 귀결되는 생활을 합니다. 자기희생적 지사인인志士仁人의 전형으로 그려지지요.

레닌의 젊은 시절 가까운 벗이었던 니콜라이 발렌티노프Nikolai Valentinov(1879~1964)는 1953년 레닌에 대한 회고록 『레닌과의 조우*My Encounters with Lenin*』를 출간했는데, 이 책에는 레닌이 『무엇을 할 것인가』를 얼마나 감명 깊게 읽었는지에 대한 에피소드가 실려 있습니다. 레닌은 발렌티노프와 술을 마시면서 자신이 『무엇을 할 것인가』를 읽고 감동을 받아 잠을 이루지 못하고 눈물을 흘렸으며 라흐메토프의 인생 역정이야말로 인간이 따라야 할 길이라고 말했다고 합니다. "농사꾼이 밭갈이를 하듯이 이 소설이 나를 밭갈이했다"라고 말할 만큼 이 소설이 자신을 다른 사람으로 만들었다고 했지요.

러시아의 인민주의적 혁명 전통에는 명암이 존재하는데, 민중에 대한 부채 의식이나 혁명가의 품성론을 연상케 하는 도덕론 같은 부분은 이 전통의 밝은 부분입니다. 반면에 혁명의 주체와 대상을 명확히 나눈 후 라흐메토프 같은 사람을 전위로 두면서 그들에게 대중을 선전·선동하고 포섭해서 지휘하는 특권을 부여한 것은 이 전통의 어두운 부분이겠지요. 즉 인민주의자들에게 혁명이란 엘리트 중심적이며 전위-대중의 위계질서가 철저한 것이었습니다.

한편 러시아 인민주의 내에도 여러 분파가 있었는데, 『네차예프, 혁명가의 교리문답』과 같은 평전을 통해 국내에도 소개된 세르게이 네차예프Sergei Nechaev(1847~1882)는 혁명적 엘리트주의를 극단적으로 발전시킨 인물입니다. 그는 모스크바에서 '인민의 복수'라는 학생운동 혁명 조직을 이끌었는데, 1869년 동료들과 함께 조직을 탈퇴하려는 이반 이바노프를 살해합니다. 이는 러시아 사회를 발칵 뒤집어놓을 만큼 충격적인 사건이었고, 도스토옙스키가 『악령』이라는 소설을 통해 이 사건을 그려내기도 했지요. 이후 네차예프는 스위스로 망명하지만 스위스 정부는 그를 정치범이 아닌 일반 형사범으로 취급해 러시아에 인계했고, 결국 그는 러시아로 돌아와 10년간 아무도 모르는 요새 감방에 갇혀 지내다가 죽고 맙니다.

네차예프는 26조로 구성된 「혁명가의 교리문답」이라는 문서를 작성했는데, 여기에서 그는 혁명가를 일이나 감정, 애착, 재산이 없이 불행한 운명에 갇힌 채 사고와 열정이 오로지 혁명에만 사로잡힌 사람이라고 규정합니다. 그러면서 혁명의 승리를 돕는 것은 모두 도덕이며 그것을 방해하는 것은 모두 부도덕이라고 주장하지요. 혁명 자체가 도덕의 궁극점이기에 혁명을 위해 벌이는 모든 일이 도덕적이라는 겁니다. 단적으로 네차예프는 부패 관료가 많을 때 혁명이 유리해지므로 정부 고관을 암살할 때는 청렴한 관료부터 살해해야 한다는 주장까지 폅니다. 극단적으로 모든 가치를 초월하는 혁명적 전위 엘리트 의식이 강하게 깔려 있는 것이지요.

마르크스는 네차예프를 냉혹하게 비판했습니다. 반면 레닌은 그에 대해 옹호까지는 아니지만, 그의 사상에 좋은 측면이 있다는 말은 자주 했어요. 네차예프의 사상은 러시아 인민주의의 극단적 표현인데, 레닌에게는 그중 어떤 부분이 매력적이었던 겁니다.

러시아 인민주의는 한편으로는 품성론을 방불할 만큼 혁명가의 인격 도야를 강조하면서도 다른 한편으로는 혁명을 위해서라면 어떤 수단과 방법을 써도 된다는 주장을 합니다. 극단적인 도덕주의와 극단적인 도덕상대주의가 결합된 세계관을 보여주지요. 레닌은 망명 중이던 1905년 도덕적으로 결함 있는 사람까지 혁명에 이용해야 하느냐는 친구 블라디미르 보이틴스키의 질문에 가끔은 그럴 필요가 있다면서 "하얀 장갑을 끼고 혁명을 할 수는 없지. 가끔 우리에게 몹쓸 짓을 하는 이들도 바로 그 몹쓸 짓을 하기에 필요한 거야"라고 답합니다. 혁명 엘리트의 현실주의적 발언인 셈이지요.

혁명가로서 레닌은 마르크스주의를 사상적 기반으로 삼았고, 인민주의를 철저히 비판했습니다. 하지만 그의 세계관, 조직관, 대중관은 상당 부분 러시아의 토착적인 혁명 전통과 맞닿아 있습니다. 김일성의 주체사상이 마르크스레닌주의보다는 개화기나 일제강점기의 내셔널리즘과 그 계보를 같이하는 것과도 비교해

볼 수 있겠지요. 레닌은 이러한 접근을 통해 러시아에서 쉽게 승리했다고도 볼 수 있어요. 물론 이것이 마르크스주의 내지 마르크스주의적 사회주의의 승리였는지에 대해서는 의문을 가져볼 수 있겠지만요.

레닌은 인민주의를 직접 계승한 다른 혁명 분파들, 예를 들면 사회혁명당보다는 훨씬 유연하게 러시아의 혁명 전통을 받아들였고, 그들에 비해 훨씬 민주화된 혁명 사상을 품고 있었습니다. 하지만 그 역시 과거의 유산으로부터 자유로울 수 없었어요. 근본적으로 혁명의 세계를 평등하게 바라보지 못한 한계 역시 노정하고 있었습니다.

사회주의의 이상과 현실, 그 간극 앞에서

아이러니하게도 레닌은 한때 자기 집안 농장의 소작민이 내는 소작료로 생활을 꾸려가기도 했습니다. 경제적으로는 이렇다 할 고생을 하지 않은 사람이에요. 1893~97년 페테르부르크에서 노동자 운동을 주도했을 때도 레닌은 집에서 마르크스 책 강독회를 열고 노동자들의 거주지에 들렀을 뿐 그들의 일터인 공장에는 가보지도 못했습니다. 물론 가고 싶어도 갈 수 없었겠지요. 레닌은 노동자가 아니니 공장 경비원들이 그의 출입을 막았을 겁니다. 이후로도 그는 공장 노동을 비롯한 여타의 노동을 해본 적이 없지요.

이는 비단 레닌만의 문제는 아니었습니다. 1917년 러시아 공산당 정치국 중앙위원회 구성원을 살펴보면, 당이 얼마나 부유한 지식인 중심으로 돌아갔는지 알 수 있습니다. 레닌, 카메네프, 지노비예프, 부하린 등은 모두 잘사는 집안의 엘리트였지요. 노동자의 정당 지도부에 노동자가 거의 없었던 셈입니다. 예외로 숙련공 출신인 칼리닌이 있긴 했지만, 그의 정치적 영향력은 미미했습니다. 당의 중간 간부 중에는 숙련공 출신들이 약간 뒤섞여 있었고, 대다수의 노동자들은 평당원이었지요.

당의 위계질서가 사회의 기존 학력자본, 문화자본, 재력 등의 질서와 일치한다면 과연 그 정당의 정치가 평등할 수 있을까요? 요즘은 '비정규직 박사 노동자'라는 말이 이상하게 들리지 않지만, 100년 전 러시아에서는 국민의 70퍼센트가 문맹이었고 박사라고 하면 그야말로 최고의 인텔리였습니다. 당시의 러시아는 대학 졸업자가 전 국민의 1퍼센트가 될까 말까 할 정도로 교육에 있어서는 후진국이었어요. 이렇게 학력자본과 문화자본이 귀한 나라에서 정당의 지도부는 고학력자이고 피지도부 대다수가 노동자였다면, 이는 평등한 정치 활동에 장애가 되었을 겁니다.

집권 전에 레닌은 『국가와 혁명』에서 미래 사회의 이상으로서 노동자의 공동체 생활과 생산과정에 대한 민주적 통제, 즉 노동자의 직접민주주의를 거론합니다. 노동자가 권력과 생산수단으로부터 소외되는 걸 극복하자는 것이었지요. 하지만 집권 후에 레닌은 이를 실현하지 못합니다. 여러 가지 이유가 복합적으로 작용했을 텐데, 내전 문제도 있었고 당의 내부 민주주의가 부족했던 탓도 있었을 겁니다.

이번에는 화제를 바꿔 레닌과 가장 가까이에 있던 여성들을 살펴보지요. 레닌은 1898년 운동판에서 만난 나데즈다 크룹스카야Nadezhda Krupskaya(1869~1939)와 결혼합니다. 그녀는 마르크스주의 운동가 출신으로 상당히 독립적인 여성이었습니다. 레닌과 크룹스카야는 원칙적으로는 평등한 동지적 관계를 지향했지만, 실제로는 크룹스카야가 레닌의 원고를 정리해주는 등 다방면으로 그녀가 레닌을 내조했습니다. 하나 재미있는 것은, 이들 부부에게 가사 노동 분담이 전혀 화제가 되지 않았다는 점입니다. 거의 대부분 집에 하인을 두었고, 심지어는 시베리아로 유배를 가거나 유럽으로 망명했을 때조차 가사 도우미를 구했을 정도여서 이들 부부 사이에서 가사 노동이 문제시되지 않았던 거지요.

한편 레닌은 1911년 이후에 프랑스 태생의 러시아 운동가인 이네사 아르망Inessa Armand(1874~1920)과도 거의 결혼에 준하는 관계를 맺습니다. 지금의 우리로서는 낯선 이 삼각관계가 당시의 러시아 지식인들에게는 그다지 낯선 게 아니었습니다. 그들은 일부일처제를 부르주아의 억압적 위선이라 여기고 여러 사람을 사랑하는 것이 도덕적으로 문제가 되지 않는다고 생각했습니다. 서로 이해하고 배려하면서 혁명에 대해 공동의 충성을 다한다면 별 문제가 없다고 봤지요. 이러한 레닌의 삼각관계는 당사자 모두가 동의한 것이었습니다. 그는 크룹스카야를 지속적으로 보살폈고, 평생 단 한 번도 화를 내지 않을 정도로 아르망을 아끼며 자유로운 동지 관계를 유지했지요.

레닌은 크룹스카야와 원칙적으로 동등한 관계를 지향했고, 아르망과의 삼각관계를 통해 부르주아 가족제도의 모델을 타파해 보려 했습니다. 그럼에도 불구하고 그가 일방적으로 크룹스카야의 내조를 받은 점으로 미루어보면 이 관계는 아쉽게도 사회주의적 이상에 도달한 것은 아니었던 것 같습니다. 노동자 정당의 지도부를 지식인들이 차지했던 것과 마찬가지로 이 역시 이상과 현실의 괴리였다고 볼 수 있겠지요.

레닌은 망명 시절 상당히 물가가 높은 도시에서 비싼 집을 빌려 거주했고, 자유로이 휴양소에 다녔으며, 책이나 잡지를 여럿 구입하는 등 유럽의 부르주아들과 별반 다를 바 없이 생활했습니다. 그렇다면 별다른 노동을 하지 않았던 레닌은 과연 어떻게 먹고살았을까요? 우선 그의 어머니가 1916년 사망 전까지 러시아 국채에 투자해서 받은 이자소득을 아들에게 보내주었습니다. 러시아 국고에서 흘러나온 돈으로 러시아 제국을 무너뜨리는 활동을 한 것이지요. 또한 레닌은 당에서 활동비 명목으로 월급을 받았는데, 1915~16년의 경우 한 달에 350스위스 프랑 정도를 수령했습니

레닌과 함께했던 여인들, 나데즈다 크룹스카야(왼쪽)와 이네사 아르망(오른쪽).

다. 이는 당시 러시아의 숙련공 월급보다 조금 많은 액수였고, 이 덕분에 레닌은 비교적 편안하게 삶을 꾸려갔지요.

그런데 활동가들에게 활동비를 쥐가면서 당을 운영하려면 돈이 필요했을 텐데, 그 재정은 어떻게 확보했을까요? 볼셰비키는 기본적으로 세 가지 방식으로 돈을 마련했습니다. 첫 번째는 당비 모금이었는데, 당원들은 러시아에 있는 반면 당 지도부는 거의 외국에 있었기 때문에 지도부에게 이는 큰 의미가 없었습니다. 당원들에게 거둬들인 당비는 주로 러시아의 지하활동에 쓰였지요.

두 번째로는 국가, 부호의 재산 강탈을 들 수 있습니다. 제1차 러시아 혁명 기간이었던 1905~1907년에 러시아는 치안이 몹시 불안정했고 제정 붕괴가 예상되었습니다. 이 틈을 노려 여러 혁명 정당들은 정권이 백성에게 갈취한 돈을 다시 빼앗겠다는 논리를 펴며 은행털이 등을 통해 자금을 조달했어요. 인민주의를 계승한 사회혁명당은 이 활동에 주력했고, 볼셰비키는 다른 혁명 정당에 비해 덜하긴 했지만 역시 이에 가담했습니다.

그런데 간혹 볼셰비키가 월척을 낚을 때도 있었습니다. 유명한 사례로 1907년 6월 26일 러시아의 식민지였던 그루지아의 티플리스(현재의 트빌리시)에서 은행 마차를 공격한 사건을 들 수 있습니다. 스탈린의 주도로 군복을 갖춰 입은 볼셰비키 행동대 일군이 은행 마차를 공격해 34만여 루블의 지폐를 강탈했지요. 하지만 이때 총기를 난사해 사상자가 나옵니다. 레닌은 이 사건에 대해 무고한 보행자를 비롯해 징집당한 군인 등 제정러시아의 모든 피해자들의 손실을 최소화하기 위해 노력한 것이었다고 당 신문에 공개적으로 밝힙니다. 그 나름의 합리화를 한 셈인데, 그렇다고 해서 무고한 사상자가 나온 게 무마되는 것은 아니지요.

사건 현장에서 용맹하게 진두지휘를 한 인물은 '카모Kamo'라는 당 암호명으로 잘 알려져 있는 아르메니아 출신의 시몬 테르페트로샨Simon Ter-Petrossian (1882~1922)이었는데요. 그는 강탈한 돈의 일부를 핀란드에 있던 레닌에게 전달하긴 했습니다. 하지만 그가 강탈한 돈이 추적 가능한 고액권 지폐라는 게 문제가 되었지요. 카모는 독일로 가서 돈세탁을 하려다가 러시아 당국으로부터 정보

1908년 망명 중인 레닌이 이탈리아 카프리섬에 있던 고리키의 집에 방문해 체스를 두는 모습. 왼쪽부터 보그다노프, 고리키, 레닌.

를 입수한 독일 경찰에게 체포됩니다. 결국 그는 4년간 독일에서 감옥살이를 하게 되는데, 제정러시아에 소환되지 않기 위해 미친 척을 합니다. 이후 룩셈부르크 등의 도움으로 출옥해 스위스에 있던 레닌과 합류하지요.

볼셰비키가 재정을 확보한 세 번째 방식은 아이러니하게도 그들이 타도하고자 하는 부르주아들에게 비밀리에 기부금을 받는 것이었습니다. 이는 당의 가장 큰 소득원이었어요. 지역 부르주아 중에서 급진 정당이 압력을 행사하면 러시아가 바람직하게 개혁되리라고 여겼던 이들이 기부를 하기도 했고요. 당의 대표적인 모금책이었던 막심 고리키Maxim Gorky(1868~1936) 같은 사람의 매력에 끌려 선뜻 기부를 한 '물주' 부르주아들도 있었습니다. 대표적으로는 유명한 직물 공장의 소유주였던 사바 모로조프Savva Morozov(1862~1905)를 들 수 있습니다. 그는 자살로 생을 마감했는데, 전 재산을 고리키에게 상속한다는 유서를 남겼고 고리키는 이 재산을 당에 넘기지요.

러시아 사회민주노동당(사민당)의 재정은 레닌이 관리하면서 당 중앙위원회에 보고했는데, 일반 당원들에게 이를 공개한 적은 없습니다. 비합법 지하당 형태로 활동했고 자금 유입처를 밝힐 수 없었기 때문에 재정을 투명하게 운영하지 못했지요. 1903년 러시아 사민당이 볼셰비키와 멘셰비키로 나뉘었을 때에도 당의 재정은 분리시키지 않은 채 한동안 레닌이 관리했습니다. 그러다 보니 멘셰비키들의 불만이 불거져서 독일 사회민주당(사민당)에 중재를 청하게 되지요. 독일 사민당에서는 1910년 러시아 사민당 재정관리위원회를 꾸린 후 카를 카우츠키와 클라라 체트킨, 프란츠 메링을 당 재정 관리인으로 세우면서 분쟁을 정리합니다. 당시에 레닌은 재정적인 측면을 비롯해 다방면에서 독일의 카우츠키나 오스트리아의 아들러 등에게 많은 도움을 받았는데, 이후 그들과의 노선을 달리하며 거리를 두게 됩니다.

그런데 레닌이 당의 재정과 개인의 재산을 철저히 분리해서 다룬 점은 상당히 흥미롭습니다. 사적인 서신들을 통해 레닌이 공금과 사적인 돈을 어떻게 관리했는지에 대한 윤곽을 살필 수 있는데요. 그는 당의 공금을 사적으로 유용하지 않았고 지출에 대한 모든 영수증을 보관했으며 이를 장부에 기입하는 등 철저한 근대인으로서의 면모를 보여줍니다. 레닌 개인의 근대적 자기 관리의 모습은 분명 긍정할 만한 것입니다. 하지만 당 차원에서 재정의 투명성을 확보하는 민주주의에 다다르지 못한 결함이 있었어요. 이에 대해서는 비합법 활동이라는 객관적인 조건을 탓할 수도 있겠지만, 그럼에도 레닌 사후의 볼셰비키에게는 일종의 업보가 됩니다. 당내에 민주적인 제도가 없는 상황에서는 합리적인 당 운영을 해나갈 수 없었던 겁니다.

전위당론을 둘러싼 격론, 비민주적 패착을 넘어선 변혁을 향하여

레닌의 초기 사상의 이론적 골자 중 하나는 전위당론입니다. 이는 조선의 혁명운동에도 지대한 영향을 미쳤고, 1980년대 운동권에서 전위 조직이 되고자 했던 남한사회주의노동자동맹(사노맹) 결성 같은 대대적인 사건으로 귀착되기도 하지요.

러시아 사민당 내에서 전위당론이 불거진 것은 레닌과 율리 마르토프Yuliy Martov(1873~1923) 사이의 논쟁을 통해서였습니다. 레닌은 기본적으로 당의 상층부에 직업적 혁명가가 있어야 한다고 봤습니다. 그리고 그 아래에 당이 내리는 명령에 복종하고 당을

1897년 페테르부르크에서 열린 노동계급해방투쟁동맹 창립 모임에서. 앞줄 맨 왼쪽이 마르토프, 그 옆에 레닌이 있다.

위해 헌신하는 준準직업적 혁명가들이 당원으로 있어야 한다고 여겼지요. 이들 당원은 노동자이긴 하지만 일상적으로 혁명운동에 복무하는 사람들일 겁니다. 레닌은 이러한 당 구성을 통해 적극적으로 행동하는 당을 만들어가야 한다고 주장합니다. 이게 전위당론의 핵심이지요. 반면에 마르토프는 유럽의 사민당들처럼 당에 들어오고 싶어하고 당의 강령에 찬성하며 당비를 납부하는 사람들을 당원으로 받아들여야 한다고 보았습니다. 그가 구상한 당은 특정 이념을 중심으로 규합하되 합법적인 정치 활동을 해나가는 개방적이고 다소 느슨한 집합체였습니다.

혁명적 전위정당이냐, 국민적 대중정당이냐의 노선 갈등 끝에 1903년 결국 러시아 사민당이 분당되는데, 레닌의 지지자들을 볼셰비키, 즉 다수파라 부르고 마르토프의 지지자들은 멘셰비키, 즉 소수파로 명명되었습니다. 그런데 실제 투표 결과를 보면 다수파와 소수파의 표 차이는 단 한 표밖에 나지 않았어요. 당시에 러시아에서는 합법적인 정당 활동이 불가능했기 때문에 레닌이 살짝 더 지지를 얻었다고도 볼 수 있는데요. 당이 지하활동을 하고 있었고, 러시아 사민당원이라는 이유만으로 언제든 시베리아 유배지로 끌려갈 수 있는 상황에서는 마르토프의 서유럽적 당론보다 레닌의 당론이 더 현실적으로 여겨졌을 겁니다.

그런데 이런 상황은 곧 뒤바뀝니다. 1905년 페테르부르크에서 피의 일요일 사건이 터진 후 제1차 러시아 혁명이 일어나자 정당 활동이 합법화되면서 레닌의 전위당론이 상당한 타격을 받게 되지요. 이때를 기점으로 전제 왕국 러시아는 일종의 입헌군주국으로 바뀌는데, 부분적인 민주화가 이뤄진 만큼 당의 활동 방식도 바뀌어야 하지 않느냐는 논의가 활발하게 이뤄집니다. 하지만 레닌은 당이 전쟁을 수행하는 전투 부대처럼 되어야 할 혁명적 상황의 도래를 예측하면서, 이런 주장들을 '청산주의'로 규정하고 결사반대합니다.

혁명적 상황은 실제로 도래했습니다. 1917년 2월에 일어난 러시아 민주주의 혁명과 공화정 도입 이후 고양된 정치의식을 바탕으로 당에 투신해 적극적으로 활동하려는 이들이 많아지면서 레닌의 주장은 다시 한번 우위를 점하게 됩니다. 신입 당원들은 많은 경우에는 개인의 자율성이나 조직의 민주성보다 권력 쟁취를 우선시하고 있었어요. 그만큼 절박한 현실 인식을 하고 있었기에 '효율적인' 중앙집권적 전위정당을 선망한 것이지요.

사실 레닌의 전위당론에는 뚜렷한 결점이 보입니다. 그런 방식으로 당을 운영했을 때 당의 민주성을 보장하기 어려워질 수 있고 자칫 잘못하면 당이 개인에게 너무 많은 희생을 일방적으로 요구하는 조직이 되어버릴 수 있습니다. 논쟁이 불거진 시점부터 줄곧 이에 대한 무수한 비판이 있었어요. 논쟁 당시 멘셰비키에 가담했다가 그들의 활동이 지지부진한 데 반발해 1904년부터 독립적 사회주의자로 활동했던 레온 트로츠키Leon Trotsky(1879~1940) 역시 레닌의 전위당론을 비판했습니다. 그는 전위당론이 자칫 잘못하면 독재로 전락할 수 있다고 지적하면서 레닌과 격론을 벌이지요.

이처럼 레닌의 전위당론이 가진 위험성은 당시에도 충분히 인지되었습니다. 다만 소수의 프롤레타리아가 억압적인 통치 아래 놓여 있고 계급의식이 미약하며 정치적 구심점도 부족해서 공동의 정치 활동을 모색하기 어려운 사회에서 과연 마르토프가 주장한 느슨한 정당으로 의미 있는 정치 활동이 가능할지는 의문이 듭니다. 개개인의 정치의식이 낮고 당비만 납부한 채 활동을 하지 않는 당원들이 모여 있을 때, 그래서 별다른 직접적인 활동을 끌어내기 어려운 상황에서는 진성 당원의 결합 형태를 고민해야 하지 않을까요?

당시의 러시아는 소규모 작업장의 노동자들에게까지 계급의식이 침투하지 못했고, 대규모 작업장에서 그나마 규합을 모색해볼 수 있는 상황이었어요. 이럴 때 대규모 작업장에서 열성 당원을 더 많이 확보한 후 조직적·공격적으로 중앙집권적인 구조의 이점을 활용, 미조직 노동자들을 '공략'해 세력 확대에 나서자는 게 레닌 당 건설론의 또 한 가지 현실적 함의였습니다.

어쨌든 레닌은 이 논쟁에서 대단한 현실감각을 보여주었습니다. 마르토프의 주장이 이론적으로는 맞을지라도 현실감각이 떨어졌던 것은 이후 멘셰비키의 역사가 증명해주고 있습니다. 단적으로 볼셰비키는 치열하게 내부 논쟁을 많이 벌였지만 분당을 하진 않았어요. 반면 멘셰비키는 여러 차례 분열을 겪었지요.

대표적인 사례로 제1차 세계대전 참전에 대한 찬반 문제가 불거지면서 극심한 갈등 끝에 갈라선 것을 들 수 있습니다. 이때 마르토프는 전쟁에 반대했지만, 멘셰비키의 거두 중 하나였던 게오르기 플레하노프Georgii Plekhanov(1856~1918)는 영국이나 프랑스의 선진 민주주의와 조국 러시아 수호를 위해 전선에 나갈 용의가 있다고 밝히며 전쟁을 지지했지요. 설전이 오가는 가운데 여러 지도자들은 전쟁에 대한 모순된 이야기를 내뱉었습니다. 결국 1917년 이후 멘셰비키는 다 찢어졌고 볼셰비키와도 거의 경쟁을 못했어요. 볼셰비키의 탄압 때문이라기보다는 느슨한 당 건설 방식 등으로 인해 스스로 지리멸렬해진 것이지요. 1918년 1월 제헌의회에서 선거를 치렀을 때, 볼셰비키는 25퍼센트를 득표한 데 반해 멘셰비키는 2퍼센트밖에 표를 얻지 못합니다. 이러한 결과를 볼 때, 레닌의 전위당론을 비판만 하기는 어렵지요.

앞서 트로츠키의 우려를 통해서도 알 수 있듯이, 민주주의와 중앙집권제의 원칙을 일부 혼합한 레닌의 민주집중제는 한번 당원들이 동의한 결정에 모든 당원이 복종해야 할 의무가 있으므로 개인의 자율성을 상당히 구속하는 측면이 있었습니다. 하지만 그 실제를 들여다보면 당 중앙위원회 선거는 현장에서 이뤄지는 게 원칙이었고, 주요 기초 조직이 중앙위원회의 결정에 동의해야만 비로소 당이 강고하게 밀어붙이는 실행 사항으로 그 결정이 승인되었습니다.

레닌조차도 러시아 혁명 이전에는 볼셰비키 정당을 좌지우지하지 못했어요. 예를 들면 1917년 4월에 레닌은 모든 권력을 소비에트로 이전시키고 부르주아 혁명을 사회주의 혁명으로 발전시켜야 한다는 그 유명한 '4월 테제'를 발표합니다. 부르주아적인 러시아 임시정부를 지지하지 말고 사회주의 혁명을 지향하자는 것이었지요. 처음에 페테르부르크 지역당과 모스크바 지역당은 레닌의 4월 테제를 거부했습니다. 중앙위원회에서도 이를 거부했다가 번복해서 찬성하는 등 이 안건은 몹시 어렵게 지역위원회를 볼셰비키의 활동을 화폭에 담은 풍자 화가 빅토르 데니(Viktor Deni)가 1920년 11월에 작업한 포스터, 〈지구의 지저분한 것들을 싹 쓸어버리고 있는 레닌 동지〉.

통과합니다. 이처럼 지도자의 어떠한 주장에 대해서도 당원들은 거부권을 가지고 있었어요. 하지만 일단 한 번 당에서 안건이 승인되면 당은 마치 한 사람이 움직이는 것처럼 단결해서 대단히 강력하게 움직였습니다. 당이 오로지 레닌의 말에 따라 일사불란하게 움직였던 것만도 아니고, 심지어 당원들은 그의 급진성에 치를 떨면서 그의 주장을 조직적으로 거부하기도 했습니다. 이런 측면에서 본다면 러시아 혁명 이전의 볼셰비키는, 비록 중앙집권적인 조직 방식을 채택해 당원에게 무조건적인 '활동 의무'를 부여하긴 했지만 상당히 역동적으로 조직성과 민주성을 결합해 당을 운영한 것으로 보입니다. 당의 구체적인 행동과 실천력이 민주성과 어떻게 결합될 수 있는지를 고민할 때, 이 시기의 볼셰비키 활동에는 참조할 만한 지점이 있어요. 물론 스탈린 독재로 넘어가면서 당의 안팎은 물론 나라 전체에서 민주주의가 사라지고 말았지만, 볼셰비즘 문화가 꼭 그런 것만은 아니었다는 점은 강조하고 싶습니다.

여기서 또 하나 고려해야 할 것은, 당시 볼셰비키가 레닌의 주장을 이해하고 따를 만큼 깊고 명확한 정세 분석을 하고 있었느냐는 점이에요. 1914년 제1차 세계대전이 발발했을 당시, 레닌은 "자기 정부의 패배를 지향하자"라는 구호를 내걸었습니다. 예를 들면 러시아 당원은 제정러시아 정부와 독일 사이의 전쟁에서 제정러시아가 패배하기를 원해야 하고 이에 기여해야 한다는 것이었습니다. 제정러시아 정부가 연전연패해야 이 정부의 무능력과 '국민 총동원'의 잔혹성이 폭로되고 러시아 내부의 계급투쟁이 격렬해지면서 제국주의적 전쟁이 혁명적 내란으로 이어질 수 있다고 본 겁니다. 제정러시아 정부의 패배는 최소악이라는 혁명적 패배주의를 주장한 것이지요.

당시에 레닌 가까이에서 그의 일을 도와주었던 중앙위원 알렉산드르 슬랴프니코프Alexander Shlyapnikov(1885~1937)는 러시아로 가서 노동자 당원들을 대상으로 레닌의 제정러시아 정부 패배론에 대한 의견을 비공식적으로 조사했는데, 이를 지지한 현장 당원은 거의 없었다고 합니다. 한번 생각해보세요. 남한이 일본과 전쟁을 치른다고 가정했을 때, 부르주아 정부인 남한 정부를 지지할 수 없으며 따라서 남한이 패배하고 국제 전쟁이 내란으로 전환되기를 바란다는 주장에 누가 동조할까요? 독도 문제에 대해 남한과 일본 정부를 모두 지지하지 않은 채 양쪽 인민들이 영토적인 민족주의를 배제해야 한다고 주장할 급진파가 국내에 과연 있을까요? 정치적 사망을 각오한다고 할지라도 말입니다. 1914년에 레닌의 '혁명적 패배주의' 테제는 바로 이런 이야기를 공개적으로 한 겁니다. 그러니 다수의 볼셰비키 당원들은 이를 받아들이지 못했지요. 그만큼 레닌과 당원들 사이에는 엄청난 생각의 괴리가 있었던 것이고요.

1920년 제9차 당대회까지만 해도 볼셰비키는 비교적 합리적이고 민주적인 운영 원칙을 지켜나갔습니다. 이 당대회에서는 새로운 소비에트 국가에서 노조가 어떤 역할을 해야 할지의 문제가 중점적으로 논의되는데요. 당내 여러 분파들이 각기 다른 주장을 펼칩니다.

슬랴프니코프를 위시한 급진적 반대파는, 노동자 민주주의가 실천되지 않고 있다면서 노조가 직접 생산과정 관리에 나서야 하고 더 나아가 국가기구를 대체해야 한다고 주장합니다. 소비에트 국가가 관료화되었으므로 관료들을 내쫓고 노조가 직접 국가를 운영해야 한다는 소비에트적 민주주의 부활론을 내세운 거지요.

레닌과 트로츠키의 입장도 갈렸습니다. 레닌은 현재 그대로 계속 노조를 끌고 가기를 바랐고, 트로츠키는 노조를 국가화시키면서 노조를 통해 노동자를 자유롭게 징발, 동원할 수 있는 전국적인 노동력 활용 구조를 만들자고 제안합니다. 이 모든 의견이 민주적으로 충돌했던 마지막 자리가 제9차 당대회였어요.

결국 투표를 거쳐 급진적 반대파가 패배하는데요. 이 자리에서 문제적 결정이 내려집니다. 당내에 분파를 만드는 것을 금지하는 결정문이 채택되고 말아요. 한국의 진보정당 내에 소수파 그룹이 존재해온 것처럼 볼셰비키에서도 다양한 의견을 가진 여러 분파 형성이 가능했는데, 1920년 이후에는 이게 불가능해진 겁니다. 이 결정문 채택을 기점으로 당이 독재 기관으로 전락했다고 볼 수도 있을 거예요.

제1차 러시아 혁명을 지나
독일 사민당의 우경화를 넘어서

레닌 초기 사상에서 한 축이 전위당론이었다면, 나머지 한 축은 무장반란론이었습니다. 혁명의 기운이 발흥하는 가운데 제1차 러시아 혁명이 부르주아 자유주의 운동에 머문다든가 합법적 비폭력 운동에서 멈추지 않고 적극적인 폭력 운동으로 나아가야 한다는 게 레닌이 1905년에 내세운 혁명론이었어요. 지금 우리 시각으로 본다면 황당한 이야기로 들릴 겁니다. 하지만 당시의 러시아에서는 많은 희생이 따르더라도 제정러시아 정부의 폭정보다는 무장투쟁이 차악으로 여겨질 만큼 혁명의 분위기가 팽배해 있었고, 그것이 레닌 급진주의의 현실적 근거가 된 셈입니다. 레닌의 급진 노선이 인기를 끌어 1906년 말에는 러시아 사민당 당원 수가 15만 명을 넘어서기도 했지요.

1906년 9월에 레닌은 「게릴라전Guerrilla Warfare」이라는 글을 발표하면서 당시 러시아의 식민지였던 라트비아의 무장 폭력 노선을 투쟁의 모범으로 제시합니다. 라트비아에서는 노동자의 혁명적 투쟁과 함께 라트비아 민족의 러시아 제국주의에 대한 투쟁이 중첩되면서 격전이 벌어지고 있었습니다. 라트비아 사회민주노동당은 정기적으로 3만 부나 판매되는 신문을 발간했는데, 여기에서는 정직한 사람이라면 누구나 죽여야만 할 악질 스파이 명단이 발표되었고 경찰에게 조력하는 이들을 혁명의 적으로 선포했으며 그들을 죽이고 재산을 몰수해야 한다고 주장합니다. 또한 당을 위해 대중들이 자신의 돈을 기부할 것을 계몽하고, 은행을 털어 몰수한 돈으로 무기를 사들여야 한다고 했어요. 레닌은 이런 무장 폭력 노선을 적극 지지하고 나선 것이지요.

레닌이 생각했던 무장반란은 추상적인 대중 폭동이 아니라 당원들에게 내리는 매우 구체적인 지침이었습니다. 실례로 1905년 즈음에 그는 볼셰비키 행동대원들에게 오늘날의 기준으로 본다면 매우 잔혹하게 들리는 지침을 많이 내렸습니다. 행동대 조직 방법, 행동대에서 경찰과 스파이를 죽이는 법 등을 비롯해 무기 구입 자금을 만드는 법, 행동대 소그룹 구성 원칙 등까지 교수했어요.

당시의 제정러시아는 종말을 향해 치닫고 있었고, 제정러시아 정권이 오래 가지 못하리라는 것은 불을 보듯 뻔했습니다. 공업이 근대화되고 있긴 했지만 정치구조나 사회구조는 여전히 후진적이었고, 정권은 호전적 모험주의와 영토 팽창주의를 추구하며 쓸데없이 러일전쟁을 벌이는 등 비합리적으로 국정을 운영하고 있었어요. 러일전쟁으로 20만여 명에 가까운 사상자가 발생한지라 전후 러시아의 상황은 참담하기 그지없었지요.

이때 레닌은 제국이 해체되는 과정에서 폭력 투쟁이 일어날 수밖에 없으므로, 볼셰비키 정당이 이를 조직화해서 좀더 체계적인 혁명적 결과를 도출해야 한다고 판단했습니다. 당시의 러시아 상황을 보자면 일리 있는 말입니다. 레닌의 조직적 폭력론은 잔인하긴 하지만 필연적으로 비춰지는 지점이 있었던 겁니다. 또한 레닌의 사상이 얼마나 현실적인지도 알 수 있지요. 그것은 실제 현실을 염두에 두고 만들어진, 경험론적 차원이 상당히 강한 것이었습니다.

한편 제1차 러시아 혁명이 사그라든 후 러시아 정세는 소강상태에 들어갑니다. 이때 레닌은 유럽에 머물면서 독일 사민주의자

1910년대 베른슈타인(왼쪽)과 카우츠키(오른쪽)의 모습. 독일 사민당을 중심으로 활동했던 이들은 1890년대 이후 정치적 노선의 차이를 드러낸다.

들과 교유하며 그들의 후원을 받아요. 1914년까지만 해도 레닌은 엥겔스의 바통을 이어받아 독일 사민당의 공식적인 이론가가 된 카를 카우츠키Karl Kautsky(1854~1938)를 자기 일생의 사상적 스승으로 여겼습니다. 카우츠키는 레닌의 후원자이면서 동시에 그에게 사상적·정치적으로 절대적인 영향을 끼친 제2의 아버지이기도 했어요. 또한 레닌은 독일의 사민주의자들을 자신이 가장 적극적으로 참조해야 할 이들로 여기고 있었습니다.

그런데 독일 사민당에서는 레닌으로선 반갑지 않은 일들이 계속 일어나고 있었습니다. 독일 사민당은 덩치를 키워나가면서 국회에서도 더 많은 지분을 갖게 되었습니다. 하지만 그 대가로 체제에 안주하면서 철저히 보수화되고 있었지요. 사민당의 이론가였던 에두아르트 베른슈타인Eduard Bernstein(1850~1932)은 노골적인 수정주의 노선으로 선회하면서 잉여가치론을 부정했어요.

잉여가치론이란 노동자가 생산하는 가치와 그가 임금으로 받는 가치 사이의 차이가 결국 노동자를 착취하는 자본가에게 돌아간다는 마르크스주의의 핵심 이론입니다. 그런데 베른슈타인은 상품의 가치를 원가와 이윤 마진만을 합한 것으로 이해하면서 잉여가치라는 개념 자체를 부정해요. 결국 가치라는 것이 교환가치로서만 존재한다는 부르주아 경제학의 원칙을 그대로 따라버린 셈입니다. 또한 노동자들이 민주주의를 추구해야 하지만 그 이상의 것은 자연스럽게 도달되어야 한다고 하면서 사실상 계급투쟁론까지도 포기해버렸습니다.

이처럼 현실 순응적으로 이론을 바꿔나간 베른슈타인의 주장에도 긍정적인 측면은 있었어요. 그에게 민주주의는 무산계급의 독재를 달성하기 위한 수단이라기보다는 노동운동의 목표였습니다. 즉 베른슈타인은 사회주의를 전면적이고 포괄적인 민주주의가 구현되는 상태로 이해한 것입니다. 그 자체로 틀린 이야기는 아니지만, 사회주의를 오로지 완전한 민주주의의 구현만으로 보는 것은 문제가 있지요.

카우츠키는 우경화되어가는 베른슈타인에게 대항했고, 레닌은 카우츠키주의자 중에서도 가장 급진파에 속했습니다. 그런데 문제는 카우츠키 같은 일급 사민주의 이론가가 만족스러운 이론을 내놓지 못한 데 있었습니다. 그는 창의력이 부족한 기계론적 사고의 소유자였어요.

카우츠키는 마르크스의 자본주의 독점화 경향 이론을 고스란히 문자 그대로 받아들입니다. 작은 기업이 큰 기업에게 먹히고, 큰 기업이 인수 합병을 통해 더 커지고, 국가가 하나 혹은 몇 개의 기업으로 이루어지게 되고, 기업과 국가가 하나가 되고, 자본가들이 이윤 추구를 위해 여러 나라에 있는 국가 규모의 기업을 합쳐나가고, 그래서 결국 세계화된 초국적 기업이 등장하면 그때 사민주의자들이 총선을 통해 권력을 잡으면 된다고 주장합니다. 이렇게 본다면 사회주의를 위해 투쟁할 것도 없고, 그저 이 일련의 과정을 기다렸다가 맨 마지막에 합법적으로 정권만 잡으면 되는 거예요. 사회주의를 거의 자연발생적이면서 불가역적인 것으로 본 셈이지요.

우스꽝스러운 캐리커처 같은 이야기를 카우츠키는 대단히 진지하게 합니다. 그러면서 독점화 추세에 있는 자본 세계에서는 더 이상 정치적인 무력 갈등을 일으킬 필요가 없다고 주장해요. 대다수의 자본가들에게 전쟁은 이득보다 손실이 더 큰 만큼 이들이 전쟁을 일으키지 않을 것이며, 정치적 갈등의 시대가 끝난 후 초제국주의 시대의 문이 열린다는 것이 카우츠키의 이론입니다. 실제로는 하나도 맞지 않는 말이었지요. 카우츠키는 베른슈타인의 수정주의에 반대했지만, 이렇게 비현실적이면서도 안이한 이야기나 하고 있었던 겁니다.

한편 독일 사민당은 군사주의와의 투쟁에도 전혀 관심이 없었습니다. 부르주아의 군대에 가지 말라는 병역거부 소동조차 일으킨 적이 없어요. 이와 관련한 우스운 에피소드를 하나 이야기해 드리지요. 당내의 영향력 있는 젊은 지도자였던 카를 리프크네히트Karl Liebknecht(1871~1919)가 1907년 『군국주의와 반군국주의 *Militarismus und Antimilitarismus*』라는 책을 펴냅니다. 여기서 그는 체제에 봉사하는 로봇을 만드는 정신 훈련 기관이라며 군대를 비판하는데, 이게 국회에서 문제가 됩니다.

그러자 국방부 장관은 사민당 최고 지도자인 아우구스트 베벨August Bebel(1840~1913)에게 이 책의 의견에 동의하는지 묻습니다. 베벨은 이렇게 답하지요. "절대 동의하지 않습니다. 사민주의자도 애국주의자입니다. 만약 후진적인 러시아와 우리 독일 제국 사이에 전쟁이 벌어진다면 우리는 당연히 총대를 멜 겁니다." 사민당이 병역거부의 당위성을 주장하거나 군대에 반대하지 않을 것이라는 게 치욕적으로 확인된 겁니다. 리프크네히트 같은 예외적인 사람을 제외하면 독일 사민당은 군사주의와 좋은 관계를 맺고 있었고, 이처럼 체제에 안주하고 있었지요.

레닌은 개량주의자들과 노골적인 갈등을 빚진 않았지만, 전위 정당의 조직력과 전투성을 강조하면서 유럽 사민주의자 가운데 급진파의 입장을 취하고 있었어요. 평화롭고 낙관적인 이야기로 일관하던 카우츠키에게 불만을 품으면서 제1차 세계대전이 일어나기도 전에 이 세계의 상황을 어떻게 혁명적으로 해석해야 할지 고민하고 있었지요. 또한 이 시기에 비서구 민중들의 혁명적 잠재력에 대해 관심을 갖게 됩니다. 반식민 운동을 세계 혁명의 동력으로 본 최초의 사람이 바로 레닌이지요.

당시에 사민주의자들은 식민지 문제에 별반 관심을 갖지 않았습니다. 심지어 베른슈타인은 자본의 야만보다 원시 민족의 야만이 더하다는 전제하에 자본가들이 식민지를 개척하면서 어차피 그곳에서 이뤄져야 할 문명화 작업을 하고 있다고 보았어요. 식민주의자들의 인종주의적 냄새가 심한 프로파간다("우리가 후진 종족들을 문명화시킨다")를 액면 그대로 받아들인 것이지요. 따라서 사회주의자는 식민주의에 반대할 필요가 없다는 의견을 개진합니다. 실제로 1889년에 유럽 노동운동 지도자들에 의해 조직된 국제적 사회주의 운동 단체인 제2인터내셔널은 식민주의와 피압박 민족 문제에 대해 이렇다 할 만한 입장을 내지 못합니다. 카우츠키는 베른슈타인에 반대하면서 식민주의의 야만성을 폭로하는 연설을 했지만, 식민주의에 반대하는 피압박 민족의 운동에 대해서는 별다른 관심을 보이지 않았습니다.

1908년에 레닌은 「세계 정치에 있어서의 가연성 높은 재료 Inflammable Material in World Politics」라는 중요한 논문을 집필합니다. 여기에서 말하는 '가연성 높은 재료'란 피압박 민족의 운동을 가리키지요. 이 논문에서 레닌은 중국이 중세적 민란의 차원을 넘어서 근대적 민주 혁명을 향해 나아가고 있다고 지적합니다. 중국 혁명이 앞으로는 유럽 혁명의 우군이 되리라고 본 겁니다. 신해혁명 이전에 미래를 예측한 것이지요. 이후에 그는 이란의 혁명 운동과 신해혁명에 대한 논문을 쓰기도 했고, 안중근이 이토 히로부미를 사살했을 때 이 사실을 일기에 기록하는 등 조선 민족의 일제에 대한 투쟁에도 관심을 기울였습니다. 10월 혁명 이후에는 이동휘와 박진순, 김아파나시 등 조선인 혁명가들을 직접 만나기도 했고요. 즉 그는 주변부 민중들의 흐름을 예의 주시한, 유럽의 유일한 사민주의 지도자였습니다. 유럽의 한계를 넘어서 세계 혁명의 구도를 구체화한 것이지요.

레닌의 사상은 실천적 혁명성을 담고 있습니다. 그 연장선상에서 당시의 유럽 사민주의자들과 달리 유럽 바깥에서 착취당하고 있던 수많은 피압박 민족에 대해 레닌이 예민하게 반응했던 셈입니다. 그 시절 유럽의 사민주의는 제국주의나 오리엔탈리즘 담론에 거의 포획되어 있었습니다. 이런 시각을 깨트린 게 바로 레닌이에요. 그의 급진성은 경찰의 스파이 명단을 밝혀 살해하는 것을 찬양하는 것과 같은 잔인함으로 도출되기도 했지만, 이처럼 여타의 사민주의자들이 간과했던 지점을 주시하며 나타나기도 했습니다.

제1차 세계대전의 발발, 근대 자본과 국가의 폭력성이 노출되다

레닌은 카우츠키보다 훨씬 급진적 입장을 취하고 있었지만, 표면적으로는 그의 제자였습니다. 하지만 1914년 8월 4일을 기점으로 이들의 관계는 어그러지지요. 제1차 세계대전이 발발한 직후였던 이날, 독일 의회에서는 정부가 제출한 전시 공채 발행안에 대한 투표가 부쳐집니다. 당시에 독일 사민당은 의회 의석의 3분의 1을 차지하고 있었습니다. 그렇다면 이 운명적인 투표에서 반대표를 던진 사람은 몇이었을까요? 단 두 명뿐이었습니다. 물론 이 투표와 무관하게 독일은 계속 전쟁을 벌였을 겁니다. 하지만 이날은 독일 사민당이 자국의 노동자를 도살장으로 내몬 것은 물론이거니와 자국의 노동자들과 프랑스 및 러시아 노동자들 사이의 살인을 공공연하게 허용한, 말 그대로 사회주의의 근본을 배반한 날이었습니다.

이날은 그렇게 유럽의 운명을 결정지었으며 동시에 레닌의 인생을 바꾼 날이기도 합니다. 아침에 신문을 통해 이 소식을 접한 레닌은, 독일 참모 본부의 허위 보도일 거라는 반응을 보였다고 해요. 며칠 동안 그 결과를 믿지 않았어요. 자기가 믿고 따랐던 독일 동지들이 어떻게 그럴 수 있느냐고 생각했던 것이지요. 레닌은 러시아 사람이긴 하지만 정치 생활 대부분을 외국에서 했고,

The Washington Times

HOME EDITION

GERMANY DECLARES WAR ON BELGIUM

KAISER DECLARES WAR FORMALLY ON FRANCE

TREASURE SHIP FINDS REFUGE FROM ENEMIES AT BAR HARBOR

FRENCH FRONTIER POINTS

KAISER OPENLY CHARGES CZAR BROUGHT WAR BY DUPLICITY

WAR DECLARATION BY ENGLAND WILL NOW FOLLOW

German Defi Brings Huge Demonstration in Paris

GERMAN CRUISER SHELLS FRENCH BASE IN ALGERIA

GERMANY'S WAR ON BELGIUM JEERED IN BRITISH COMMONS

HOW TO SEND MONEY TO AMERICANS ABROAD

유럽 최대의 사회주의 조직이었던 독일 사민당은 1914년 8월 4일 제국 의회에서 전시 공채 발행안에 찬성표를 던진다. 또한 이날은 독일이 벨기에를 침공한 날이기도 하다. 사진은 이 소식을 알리는《워싱턴 타임스》1면 기사.

독일 사민당과는 동지적 결합 관계로 후원도 받고 있었습니다. 다른 유럽 사민주의자들도 비슷했지만, 그에게도 유럽 사회주의 운동을 지도해온 독일 사민당은 말 그대로 '어머니 당'이었지요.

흥미롭게도 카우츠키는 개인적으로 전쟁을 지지하지 않았습니다. 하지만 반전운동에도 가담하지 않았어요. 그는 전쟁을 벌인 국가들이 어서 빨리 화해해야 한다고 주장했습니다. 러시아가 터키 영토를 노려선 안 된다는 화해 조건을 치밀하게 명시하기도 했습니다. 하지만 레닌에게는 이 모든 것이 카우츠키의 배신이었어요. 특히 반전운동을 하지 않은 것이 문제였지요. 이후 레닌은 여태까지 자신이 카우츠키를 존경했던 만큼이나 그를 싫어하게 됩니다. 심지어 「프롤레타리아 혁명과 배교자 카우츠키The Proletarian

Revolution and Renegade Kautsky」라는 팸플릿도 쓰기도 했고, 개인 서신에서 카우츠키를 "역겨운 위선자"라고 표현하기도 합니다. 원칙을 저버린 옛 스승에 대한 감정을 숨길 수 없었던 것 같아요.

이후 레닌은 전쟁이 왜 일어났는지에 대한 근본적인 고민을 품고 공부를 시작합니다. 그 결실로 펴낸 책이 『자본주의의 최후 단계로서의 제국주의*Imperialism, the highest stage of capitalism*』(1916)예요. 세계 곳곳에서 급진적 활동가들의 필독서로 꼽히는 이 책을 저는 고교 시절에 읽었지요.

레닌은 열강이 연루된 세계의 모든 전쟁이 제국주의로 인해 발생한다고 보았습니다. 그는 제국주의를 생산과 자본의 집중화, 금융자본과 산업자본의 유착적 결합, 초거대화된 자본의 수출, 국제적이고 다국적인 독점기업의 형성, 이들의 영향에 의해 좌우되는 열강들 사이의 지구 나눠 먹기 등으로 규정합니다. 즉 다국적 기업을 바탕으로 한 자본가 패거리들이 국가를 부추겨 세계를 나눠 먹는 전쟁을 벌인다고 본 것이지요. 그는 근대적 전쟁을 둘러싼 사회적·경제적 배경을 철저히 파헤치는 방향으로 접근합니다.

결국 이 전쟁은 자본가들 사이에서 벌어지는 겁니다. 그렇다면 이때 혁명적 무산계급은 어떻게 해야 할까요? 레닌은 제국주의적 전쟁을 종식시키면서 이를 추동하는 자본가들과 전쟁을 벌여야 한다고 주장합니다. 크게 봐서는 맞는 말입니다. 이후 벌어진 전쟁들을 보더라도 전쟁 주변에 깔린 것은 대개 경제적인 이해관계이고, 이는 초대형 다국적 기업의 이해관계와 직결됩니다. 이들 전쟁에서 일개 국가들이 특정 기업의 주문을 실행하는 듯한 인상을 풍긴다는 점에서 레닌의 주장은 설득력이 있습니다. 하지만 레닌이 놓치고 있는 지점이 있어요. 그는 전쟁뿐만 아니라 식민지 획득도 다국적 기업에 따른 세계 나눠 먹기라고 규정하는데요. 카우츠키는 자본주의의 최후 단계까지 가지 못한, 오스트리아나 러시아와 같은 후진적 열강들이 벌이는 침략주의적 정책을 어떻게 볼 것이냐며 반론을 폅니다.

이는 일본의 조선 침략을 어떻게 바라봐야 할지의 문제와도 결부되지요. 일본이 조선에 대한 침략을 개시한 것은 메이지유신을 시행하고서 8년이 지난 후였는데, 당시에 일본에는 다국적 기업은 물론이고 제대로 된 기업조차 없었습니다. 조선을 병합했던 1910년에도 일본은 중공업마저 제대로 발전시키지 못한 후진국이었어요. 일본은 조선에서 싼 가격으로 쌀을 산 후 조선에 방직물을 팔아먹는 식의 불평등 무역을 원했습니다. 하지만 이를 위해 조선을 점령할 필요는 없었어요. 강화도조약(1876) 하나만으로도 해결되는 문제니까요. 고종 정권은 이에 항의할 힘도 없었고요.

일제강점기에 일본의 산업자본이 한반도에 투자를 시작한 것은 1920년대 후반입니다. 이때부터 일본 공장법의 적용을 받지 않는 조선 노동자들을 싼값에 부리면서 자본을 키워나갈 수 있었어요. 심지어 강점 이후의 조선 행정은 적자 상태였습니다. 조선에서 거두는 조세만으로는 총독부 재정이 해결되지 않아서 일본에서 보조금을 받아야 했지요. 그렇다면 이렇게 일본이 돈을 들이면서까지 조선을 침략한 건 무엇 때문이었을까요?

일본의 제국주의는 레닌의 주장처럼 경제결정론적 관점으로만은 설명할 수 없습니다. 일본의 경우, 제국주의적 정책을 추진하는 주체는 기업이 아닌 국가예요. 후진국에서의 근대국가는 기업을 탄생시키는 근본적인 조직체였습니다. 한국에서 박정희 정권이 기업을 탄생시킨 것과 마찬가지예요. 지금의 한국은 자본이 국가를 움직인다고 봐야겠지만, 한국에서 자본이 국가를 소유하기 시작한 것은 대략 1987년 이후입니다. 그전까지만 해도 자본은 국가의 하수인이었지요. 후진적 열강에서는 자본 못지않게 근대국가가 침략의 엔진 역할을 합니다. 일본이 대외 침략을 시작한 시점은 결국 근대국가의 탄생 시점과 일치해요. 성공적인 침략을 통해 국가의 정통성을 확립했고, 청일전쟁과 러일전쟁에서의 승리를 통해 국민을 만들어낸 겁니다.

이처럼 근대국가는 근대화의 견인차 역할을 하기도 하고, 자본가계급을 탄생시키거나 조직화하기도 합니다. 또한 군사 관료의 입장에서 보면 식민주의나 제국주의가 자신의 위상을 높이고 영향력이 행사되는 범위를 넓히면서 자기 조직의 힘을 기르는 방법이기도 합니다. 이런 지점을 착안해 레닌은 러시아의 제국주의를 '군사 봉건주의적 제국주의'라고 부르기도 하지요. 금융자본 등보다 봉건 귀족들이 주도하는 관료제의 이해관계가 러시아 제국주의를 움직이게 한다는 논리였어요.

근대국가의 골간인 군대로서는 전쟁을 반드시 필요로 합니다. 레닌도 근대국가에 내재되어 있는 폭력성을 거론하긴 했어요. 하지만 이 위험성을 과소평가한 것 같아요. 국가를 자본가들의 단순한 도구로 파악한 것이지요. 이런 입장은 상당히 문제적입니다. 레닌은 자본가들이 움직이는 국가는 악하지만, 무산계급이 만든 프롤레타리아 독재국가는 선하다는 이원론을 폅니다. 그런데 러시아 혁명을 통해 레닌이 만든 소비에트 국가는 결국 레닌의 사상을 왜곡시킨 후 '적색 개발주의'라는 새로운 형태의 위계질서적인 산업사회를 탄생시키고 말았지요. 그는 무산계급의 국가를 만드는 데 주저하지 않았지만, 그가 만든 국가는 마치 인간이 만든 로봇이 갑자기 자기 삶을 살기 시작한 것처럼 변해간 겁니다.

레닌은 제1차 세계대전이 벌어진 후 전쟁에 반대했지만, 반전 평화주의자는 아니었습니다. 그는 전쟁을 벌이는 것만큼이나 부르주아들의 추상적인 평화주의를 경멸했습니다. 평화주의를 주장하는 계몽된 대부호들에 대해 그는 이렇게 말합니다. "저들은 혁명을 두려워하는 나머지 평화를 원한다. 저들은 소위 말하는 민주적 평화, 예를 들면 영토 보존과 제한된 무장을 전제 조건으로 하는 민주적 평화가 유토피아라는 것을 알고 있다. 이는 기회주의자들이 추구하는 유토피아다. 카우츠키 추종자들이야말로 바로 그 실례다." 이어서 레닌은 반전 평화를 주장하지 않는 카우츠키가 기만적인 대부호들의 하수인이라고 덧붙이고 있습니다. 그는 평화를 외치는 부르주아들을 혁명을 두려워하거나 자기 이해관계에 따라 평화를 원하는 이들이라고 본 겁니다.

제2차 세계대전 당시 미국의 일부 자본가들이 제3국들을 통해 파시스트 독일과 무역을 했다는 것은 널리 알려진 사실입니다. 그렇게 거래를 하던 이들 중에는 부시 대통령의 조상도 있었지요. 루스벨트 대통령은 이를 알고 있었지만 묵인했고요. 부르주아들은 전쟁 상황에서도 계속 이윤을 추구하기 때문에 지속적으로 더 많은 부를 축적해갑니다. 그들에게 진정한 평화란 무의미한 것이지요. 제1차 세계대전 때도 마찬가지였습니다. 자본가들은 국가를 넘나드는 네트워크를 확보하고 있었고, 그 가운데서 각자의 돈벌이를 위해 전쟁을 부추겼습니다. 레닌은 바로 이런 현실을 들여다보면서 비판의 칼날을 세운 겁니다.

한편 레닌은 미국 지도자들의 온갖 민주주의적인 수사에 대해서도 본질을 잘 꿰뚫고 있었습니다. 미국의 제1차 세계대전 참전에 대해 레닌은 이렇게 평가합니다. "저들은 불가피하게 일본과 태평양을 놓고 전쟁을 벌일 것이며, 지금 제1차 세계대전에 뛰어든 것은 대일 전쟁의 준비 작전일 뿐이다." "미국인들은 충분한 자유를 누리고 있다. 그러한 이들이 징병제를 받아들이기는 어려울 텐데, 미국인들은 일본의 경우를 보면서 점차 징병제에 익숙

해질 것이다." 윌슨 대통령이 주장한, 모든 전쟁을 종식시키기 위한 전쟁이라는 고상한 명분을 연막 삼아 미국 자본가들이 자기 이윤을 위해 전쟁에 뛰어들었다는 게 레닌 주장의 골자입니다. 이런 관점에서 보자면, 윌슨의 '14개조 평화 원칙'(1918)에 조선의 온건한 독립운동가들이 감화받은 것은 아이러니하고도 비참한 일이지요. 또한 자국 국민들을 징병제에 익숙해지도록 하기 위해 미국이 전쟁을 일으켰다는 지적도 새겨들을 만합니다.

레닌은 부르주아 정치의 기만과 수사를 잘 꿰뚫어보았고, 부르주아 평화주의의 한계 역시 예리하게 파악했습니다. 이는 지금까지도 크게 달라지지 않았어요. 2003년 3월, 사담 후세인 정권의 무장해제를 명분 삼아 미군과 영국군이 연합해서 이라크를 침공했을 때 미국의 반전 평화 세력은 이라크 저항 세력을 공개적으로 지지하지 못합니다. 당시에 이라크 저항 세력의 투쟁은 반침략 투쟁으로, 국제법으로 보면 합법 투쟁, 즉 정당방위였어요. 미국의 평화운동가들은 미국의 이라크 침략이 잘못된 결정이라고 보았고, 침략의 종식을 바랐습니다. 하지만 이들 중 십중팔구는 미국이라는 자본주의 국가의 내부적 구조상 침략 없는 평화가 가능한가에 대한 근본적인 의문을 제기하지는 않았어요.

레닌은 제1차 세계대전의 참극을 목도하면서, 자본주의하에서는 전쟁이 불가피하므로 영구적인 평화를 위해서는 세계 전쟁을 계급 간의 세계적 내전으로 바꿔야 한다고 보았습니다. 그에게 장기적인 내전은 성공적인 혁명을 위해 불가피한 것이었어요. 한 나라에서 사회주의가 승리할 경우 이 나라가 다른 모든 자본주의 국가들과 의로운 전쟁을 벌일 것이라는 게 레닌으로서는 당연한 역사의 논리였습니다. 즉 대량의 군사적 폭력을 지속함으로써 해방의 역사가 전개될 것이라고 보았지요. 또한 기나긴 내전은 전 세계 부르주아들의 재산을 몰수하고 그들을 타도한 후에 종결될 것이라고 주장합니다. 꽤나 도식적인 이야기지요. 이렇게 부르주아들의 재산을 몰수한 '프롤레타리아 독재' 신생 국가가 결국 부르주아들의 경제 관리자로서의 역할을 그대로 이어받아 다시 새로운 위계질서적 산업사회를 만들 수 있다는 것, 혁명 이전의 단계에서 레닌은 이를 아직 파악하지 못했어요.

그렇다면 전쟁을 내란으로 전환해 무력 투쟁을 통해 세계 자본주의를 타도해야 한다는 레닌의 결론은 과연 올바른 것일까요? 이 앞에서 우리는 머뭇거릴 수밖에 없습니다. 그는 러시아에서 내전이 발생하기도 전에 한 나라에서 사회주의 정치 세력이 승리를 거두려면 기나긴 전쟁에 돌입한다는 이야기를 했어요. 폭력 혁명을 지향하지 않는 반자본주의적 평화운동의 가능성은 이러한 사고에 끼어들 틈이 없었지요.

레닌이 러시아 혁명 직전에 쓴 노작 중에 『국가와 혁명』이라는 저서가 있습니다. 이 책에서 그는 부엌일을 하는 여성 노무자까지도 사회주의하의 국정에 참여할 것이라는 낙관적인 이야기를 합니다. 모든 노동자들이 직접적인 생산 통제를 할 수 있을 거라고 장담한 건데요. 여기에는 레닌이 미처 생각지 못한 모순이 있습니다. 전쟁을 조직할 만큼 강력한 중앙집권을 추진한 국가가 세워졌다면, 과연 그 국가의 체제가 노동자들의 직접민주주의와 공존할 수 있을까요? 레닌의 생각은 그때만 해도 여기까지 미치지 못했습니다. 사회주의 국가가 들어선다면 그다음 일들은 자연스러운 수순대로 이뤄질 것이라고 보았던 겁니다.

불타오르는 혁명 이후 사그라드는 희망의 싹들

레닌 정치사상의 한가운데 놓인 두 개의 축은 '사회주의 국가'와 '직접민주주의'입니다. 전 세계의 모든 자산계급을 타도하고 없앨 수 있는 사회주의 국가, 그리고 마르크스가 말했듯 소외 관계를 극복할 수 있는 직접적인 생산 민주주의 말입니다.

그런데 러시아 혁명 이후 직접민주주의는 지지부진해집니다. 혁명 당시에 노동자는 전체 인구의 3~4퍼센트밖에 되지 않았어요. 그중 상당수가 볼셰비키의 군대인 적군赤軍에 자원입대하거나 동원되었고 아니면 고향으로 돌아가 식량을 찾으러 다녔지요. 그래서 1918년 가을 이후로는 선진적인 노동자라는 계층 자체가 거의 사라졌습니다. 혁명 후에 직접민주주의를 시도하기에는 나라가 너무 황폐했던 거예요.

또 다른 원인으로, 러시아 공산당(러시아 사민당에서 갈라져 나온 볼셰비키는 1918년 당명을 러시아 공산당으로 바꾼다)의 내부 문제도 있었습니다. 초기의 소비에트 기관은 노동자들이 언제라도 자신의 대표를 소환할 수 있을 만큼 민주적이었어요. 그런데 1918년에 들어서면서 노동자들의 생활이 어려워지기 시작하자 볼셰비키에 실망한 노동자들이 대표를 소환하려는 움직임을 보입니다. 이에 중앙 소비에트에서는 노동자들의 대표 소환권의 상당 부분을 취소시켜요. 공산당이 혁명 권력을 유지하기 위해 직접민주주의를 일부 후퇴시킨 겁니다.

한편 농민이 대다수인 나라에서 혁명이 일어난 만큼, 볼셰비키에 반대하는 다수의 부농 세력을 중심으로 내란이 벌어집니다. 혁명에 반대하는 백군白軍과 볼셰비키 적군 사이의 전쟁이었지요. 혁명의 초창기에 레닌은 국가의 동원에 의해서가 아니라 노동자들이 자율적으로 민병대를 조직해 총을 들고 혁명을 위해 싸워야 한다고 봤습니다. 하지만 이들만으로 내란을 감당할 수 없다는 걸 알게 되자 1918년 5월 제정러시아와 같은 전국적인 징병제를 부활시키지요.

이때 국방을 책임진 사람이 바로 트로츠키입니다. 그는 러시아 혁명 직후인 1918년 3월부터 1925년까지 군사 인민위원을 지냈습니다. 혁명이 일어난 뒤 관료주의를 타파한다는 명분을 내세워

장관직을 없애고 관료들의 칭호를 인민위원으로 바꿨는데요. 직책 이름만 바뀌었을 뿐 실질적으로 바뀐 것은 없었습니다. 즉 트로츠키는 소련이라는 신생국의 국방부 장관이었지요.

초기에 그는 병사들이 투표를 통해 장교를 뽑는 식의 민주적인 군대를 만들겠다는 원대한 포부를 표명합니다. 하지만 그것은 몽상에 가까웠어요. 병사들은 자신과 같은 병사를 장교로 뽑았고, 그렇게 뽑힌 장교는 군사 지식이 모자란 데다가 다른 병사들을 다루질 못했습니다. 그러자 트로츠키는 구舊제정러시아의 장교들을 다시 군대로 불러들여 새로운 군대의 기간병으로 삼습니다. 징발을 하기도 하고 월급을 많이 주겠다고 유혹하기도 해서 장교들을 끌어들여요. 결국 내란의 최종 단계에서는 볼셰비키 적군 장교 중 40퍼센트가 제정러시아의 장교들로 채워졌고, 병사들의 장교 선출 같은 민주적인 방식은 내란 초기에 사라지고 말았습니다. 오히려 트로츠키는 적군의 기강을 잡기 위해 탈영병 사살과 군에서의 총살형까지 재도입했습니다. 심지어 한 해 동안 4000여 명에 달하는 적군이 총살당하는 지경이 되었지요.

당시에 공산당은 소작인 내지 빈농 이상의 농민들을 소小부르주아로 취급하면서 당원으로 받아들이지 않았고, 이들은 법적으로도 평등권을 누리지 못했어요. 도심 지역에서는 2만 5000명당 한 사람의 중앙 소비에트 대표를 선출한 데 반해 농촌에서는 12만 5000명당 한 사람을 선출하는 식으로 차등을 두었지요. 하지만

군 복무를 마친 농민에 대해서는 준準프롤레타리아로 취급해 대학 입학 우선권 등 각종 혜택을 주었습니다. 그러자 농민들이 군 복무를 자처하게 되어 병사의 80퍼센트가 농민 출신으로 채워졌습니다. 군 복무가 입신출세의 디딤돌이 된 것이지요.

1919년에 러시아 공산당은 50만 명의 당원을 보유한 집권당이 되는데, 그중 절반이 군대에 가 있을 정도였습니다. 볼셰비키가 내란에서 승리할 즈음에는 적군 병사가 500만 명에 달했고요. 군대가 엄청나게 비대화된 거지요. 군대는 농민들에게 출세를 위한 발판이 되었고, 미래의 당 간부를 비롯해 수많은 도시민들에게는 생활 체험의 현장이 되었습니다. 이 과정에서 러시아는 아주 빠른 속도로 군사화돼요. 군대라는 특수한 일상이 사회 속에 파고든 겁니다. 폭력이 내재화되고, 명확한 상하 관계가 사회적으로 통용되었지요. 레닌이 필수적이라고 보았던 내전의 결과 러시아는 철저하게 군사적으로 조직된 총동원 사회가 됩니다.

한편 레닌은 1917년 12월 20일 체카Cheka(직역하면 '비상위원회')라는 비밀경찰 조직을 창설합니다. 장기적으로 본다면 이날을 기점으로 혁명은 매장되었다고 봐야 할 겁니다. 3년 후 체카는 3만여 명의 요원을 보유한, 러시아에 사는 모든 이들에게 공포의 대상이 되는 초강력 조직이 됩니다. 7년 후에는 레닌의 입장을 충실하게 따르려고 했던 트로츠키나 그의 추종자들을 감옥에 집어넣지요. 체카는 향후 내부인민위원회NKVD와 국가보안위원회KGB

등으로 개칭되었다가 소비에트의 몰락 이후 러시아연방보안국 FSB으로 개편돼 유지되고 있습니다. 비밀경찰 출신들이 지금까지 러시아를 다스리고 있는 것이지요.

레닌은 혁명 후 일종의 프랑켄슈타인을 만든 겁니다. 그는 이 프랑켄슈타인이 자신의 사상을 실천하는 도구가 되리라고 여겼지만, 이는 순진한 생각이었어요. 체카의 권력은 거의 무한대였습니다. 이들은 내전 종식 전까지만 해도 마음대로 사형 선고를 내릴 수 있었고, 24시간 이내에 사형을 집행할 수 있는 권리도 있었습니다. 그럴 때 모스크바에 있는 최고 지도부의 도장을 받을 필요가 없었던 겁니다. 특히 지방에서는 지방민들의 생사여탈권을 틀어쥔 조직이었지요. 중앙에는 부패하지 않은 이상주의적 볼셰비키 출신들이 상당수 있었지만, 출세 지향적인 인간들은 공산당에 입당한 후 체카에 들어가 고속 출세를 하며 독재에 가까운 권력을 누리기 시작했습니다. 내란을 거친 후 다소 안정을 찾은 1921년의 러시아는 미시적인 차원에서 상당 부분 준準독재화된 나라였습니다.

완전한 독재화를 막고 있는 최후의 보루는 레닌과 같은 사람이었어요. 이상향 같은 사회주의를 원했던 그는 나라가 전혀 다른 방향으로 가고 있다는 것을 감지하고서 견제되지 않는 관료제가 나라를 망치고 있다는 말을 수없이 했습니다. 죽기 직전에는 스탈린이 관료들의 수령이 되었다는 사실을 간파하고서 트로츠키에

1919년 모스크바의 붉은 광장에서 연설하는 레닌의 모습. 군인을 비롯한 수많은 군중들로 광장이 가득 차 있다.

게 스탈린에 대항하는 개인적 정치 연대를 제안하기도 했지요. 하지만 1922년 이후 레닌은 독재로 치달아가는 나라를 위해 뾰족한 조치를 취하지 못한 채 1924년 사망합니다.

레닌 사후의 러시아는 혁명의 열기가 점차 식어갔습니다. 관료층은 급속히 보수화되었고, 혁명의 이상은 정치적 명분으로 전락했습니다. 트로츠키 같은 고집스러운 이상주의 혁명가가 남아 있긴 했지만, 그도 이내 실권을 잃고 맙니다. 물론 당대의 수많은 피압박 민족 출신들에게 레닌의 사상은 여전히 등대처럼 보였습니다. 조선의 진지한 혁명가들에게도 1917년의 소비에트 혁명은 호소력 있게 다가왔지요. 하지만 모스크바의 동방노력자공산대학

KUTV에 유학한 조선인 혁명가들 상당수는, 혁명 이후의 관료주의적인 러시아에서 교육을 받고 돌아와 이를 조선의 사회운동 안에 심으려는 우를 범하기도 했습니다.

결국 레닌은 작은 데서 성공했지만 큰 데서 실패했습니다. 그는 권력을 잡았지만, 그가 꿈꾼 이상적인 사회는 만들지 못했습니다. 혁명의 불꽃이 피어올랐던 이 나라는 1920년대를 거치면서 사실상 당과 국가 관료들이 이끄는 일종의 '적색 개발주의' 국가로 전락합니다. 적색 개발주의 사회를 지배해온 관료들은 수십 년의 세월이 흐른 후 '정상적인', 서방식 자본주의를 지향하게 되면서 페레스트로이카를 거쳐 재벌로 변신하지요.

레닌은 근대 자본주의의 모순에 대해 탁월한 분석을 한 급진적 혁명가이자 사상가입니다. 앞서 언급했듯이 자본가와 전쟁의 관계, 평화운동의 모순, 전쟁과 식민지 문제에 있어서 온건 사민주의자의 위선 등에 대한 그의 분석은 지금도 참조할 만하지요. 하지만 자본주의의 모순을 극복하기 위한 방안으로 그가 선택한 '프롤레타리아 독재국가 건설' 논리에 대해서는 재론의 여지가 많아요. 당시의 러시아는 충분히 혁명이 일어날 만한 나라였고, 레닌에게는 이를 조직해낼 지도력이 있었습니다. 그는 동물적이라고 할 법한 정치 감각으로 이런 선택을 했고, 이는 당대 러시아의 현실에 부합하는 측면이 있었어요. 하지만 혁명기를 거쳐 시작된 새로운 국가 건설 사업은, 분명 근대적 총동원 전쟁의 혁명적 연장이었습니다.

그렇다면 레닌의 '무장 혁명 후 프롤레타리아 독재국가 건설' 등식을 대치할 만한 대안은 무엇일까요? 뚜렷한 답을 찾기는 어렵지만, 이상적인 대안이 있다면 그것은 세계적인 차원에서의 아주 격렬하지만 대중적이고 민주적인 반항 정도일 겁니다. 로자 룩셈부르크Rosa Luxemburg(1871~1919)의 총파업 노선처럼 민중들이 위계질서를 가진 폭력 조직을 만들 필요가 없는 경우겠지요. 하지만 동시다발적인 세계적 총파업은 쉽게 조직되는 게 아닙니다. 인터넷이 전 세계에 보급되면서 여러 나라에서 동시다발적으로 반전 평화 시위를 하기도 하니, 민중들이 서로 보조를 맞추는 게 예전보다는 수월해졌지만요. 레닌이 꺼내든 잔혹한 수단이나 내재적으로 너무나 문제가 많은 메커니즘인 '국가'에 호소하지 않으면서 민주적이고 평화로운 방법으로 같은 목적을 달성할 수 없을까. 이것이 앞으로 우리가 찾아나가야 할 과제일 겁니다.

2강

레온 트로츠키,
영구적인 세계 혁명을 위하여

▼ ▼ ▼

제가 트로츠키의 책을 읽기 시작한 것은 1990년부터입니다. 그때까지만 해도 트로츠키와 관련된 모든 사항은 소련의 가장 민감한 비밀 중 하나였습니다. 1940년에 트로츠키가 스탈린이 보낸 자객의 손에 암살되었다는 사실은 전 세계적으로 널리 알려져 있었지만, 당시의 소련은 이를 인정하지 않았습니다. 트로츠키를 살해한 것은 바르셀로나 출신의 혁명가 라몬 메르카데르Ramón Mercader(1914~1978)인데, 자신이 누구의 지시로 암살을 했는지에 대해서는 고문을 참아가면서 끝까지 밝히지 않았어요. 이후 메르카데르는 20년 형을 선고받고 멕시코 감옥에서 복역하다가 출소한 후 소련에 가서 최고 훈장인 소비에트연방영웅 훈장을 받습니다. 트로츠키를 제거해준 인물에 대한 대접이었던 건데, 소련은 이 사실을 외부에 공개하진 않지요. 떳떳하게 밝힐 순 없었던 거예요. 이 모든 사실은 페레스트로이카 이후 하나씩 공개되었고, 트로츠키의 책들도 소련 사회에서 서서히 읽히기 시작합니다.

트로츠키는 러시아 혁명 직후 가혹한 내란 기간 동안 군사 인민위원으로서 군사 집행을 총괄하고 각종 반란을 진압했으며 적군의 군율을 잡았습니다. 이 과정에서 탈영병 사살과 총살형 같은 구습이 다시 도입되지요. 지금의 관점으로 보면 상당히 냉혹한 군대 조직을 만든 것인데, 그렇다고 해서 제정러시아 시대의 군대나 내란에서의 적이었던 백군보다 더 가혹했다고 보기는 어려운 수준이었습니다.

페레스트로이카 이전에는 소련 교과서에서 혁명의 잔혹성을 가르치지 않았습니다. 물론 당시에도 트로츠키는 분파주의자이자 반혁명 분자이며 레닌을 방해한 인물로 묘사되었지요. 그런데 트로츠키와 관련된 문서들이 공개되면서, 그가 주도했던 내란에서의 승리가 실제로 얼마나 가혹한 과정이었는지 드러납니다. 자연스럽게 그의 가혹성에 대한 비판이 강력하게 대두되었고요.

즉 트로츠키는 우호적으로 복권된 게 아니었습니다. 페레스트로이카를 주도했던 고르바초프 정권은 점진적인 자본화를, 이후의 옐친 정권은 급진적인 자본화를 추구했어요. 이때 '잔혹한' 트로츠키는 자본화의 명분을 제공하는 인물로서, 이들 정권에 유용한 사상적 기제가 되어주었습니다. 사회주의가 나쁘다면 자본주의가 좋다는 이분법이 작용했기 때문이에요. 사회주의 혁명에서 잔혹한 악행을 저지른 대표적인 인물로 트로츠키가 거론된 것이지요. 러시아에서 트로츠키에 대한 비판은 1990년대 후반까지 지속적으로 이어집니다. 일반인은 물론이고 대다수의 지식인들마저 그를 혁명가를 가장한 사디스트로 여겼어요. 옐친 정권 초기에 부르주아 자유주의에 심취한 지식인들은 트로츠키에 대한 비난에 열을 올리기도 했지요.

다재다능하고 열정적인, 하지만 비운의 혁명가 트로츠키

소련에서 태어나고 자란 저로서는 어렸을 땐 당연히 트로츠키에 대해 호의적이지 않았습니다. 하지만 1990년대 이후 우경화된 유럽 사민주의를 보면서 어떻게 하면 이를 좀더 급진화시킬 수 있을까 고민하다가 트로츠키를 들여다보게 되었지요. 아무리 부정적으로 본다고 해도 그의 책을 읽으면 끌리는 부분이 있었습니다. 그건 일차적으로 그의 글이 주는 매력과 힘 때문이었을 거예요.

마르크스주의 사상가들의 글솜씨에는 다소 편차가 있습니다. 마르크스와 엥겔스를 비교해보면, 저는 비록 러시아어 번역본을 읽긴 했습니다만 엥겔스보다는 마르크스의 문체가 훨씬 좋아요. 마르크스는 한 가지 주제에 대해 틀에 박힌 설명을 반복하지 않습니다. 여러 갈래를 넘나들면서 생각을 전개하고 그것을 마치 유목민처럼 풀어냅니다. 포괄적으로 다채롭게 내용을 풀어나가는 재미있는 스타일리스트지요. 헤겔의 제자라는 느낌, 즉 단순한 사회

과학자라기보다는 철학도라는 느낌이 확실히 들고요. 그에 반해 엥겔스의 글은 상당히 기계적으로 느껴지지요.

레닌과 트로츠키의 글을 비교해보면, 선동적인 문장을 많이 써서 그런지 레닌의 글은 읽기가 힘듭니다. 동어반복이나 상대방에 대한 감정적인 표현이 지나칠 때가 많아요. 지식인들이 쓰는 고급한 표현을 많이 썼고요. 예를 들면, 레닌이 카우츠키를 비판하며 가장 즐겨 썼던 표현은 '배교자'입니다. 신앙을 버린 사람이라는 뜻으로, 지식인들이나 쓰는 말이지요.

반면에 트로츠키는 자극적인 표현을 쓰지 않았고, 글도 대체로 재미있습니다. 1910~14년 사이에 그는 레닌과의 사이가 틀어졌어요. 독일 사민주의자들로부터 활동비를 받지 못했고, 볼셰비키 당원도 아니었지요. 레닌처럼 집에서 지원받을 수도 없었기에 트로츠키는 키예프의 리버럴 신문인 《키예프스카야 므슬*Kievskaya Mysl*(키예프 사상)》 유럽 특파원으로 활동하며 생계를 이어갑니다.

이때 그는 다루지 않은 주제가 거의 없을 만큼 다양한 부류의 글들을 썼습니다. 심지어 문학 비평에서도 두각을 나타냈어요. 예를 들면 헨리크 입센Henrik Ibsen(1828~1906)의 소설을 읽고서 전근대적 요소가 강한 가부장적 소부르주아의 현실과 철저한 해방적 근대를 희구하는 입센의 시각을 대조하는 비평을 쓰기도 했습니다. 이 비평은 현재의 입센 전문가가 읽어도 손색없는 글이지요. 트로츠키는 세르게이 예세닌Sergei Yesenin(1895~1925)이라는 러시아

시인에 대해서도 꽤 많은 글을 썼습니다. 예세닌은 농민들의 일상과 자연을 묘사하는 서정성 짙은 혁명시를 많이 썼는데요. 부하린은 예세닌의 시를 "보드카로 얼룩진 러시아의 전근대적인 일상의 표현"이라고 혹평했고, 스탈린도 그의 시를 싫어했어요. 하지만 트로츠키는 "러시아 농민들의 혁명성을 표현했다"며 예세닌을 상찬합니다. 이외에 톨스토이에 대한 일련의 논문도 남겼지요.

트로츠키의 글은 가벼우면서도 깊습니다. 쉽게 읽히지만, 문장 속에 많은 생각들이 포괄적으로 들어 있어요. 솔직히 고백하면, 저는 레닌의 글들은 재미가 없었지만 트로츠키의 글들은 즐겨 읽었습니다. 전자는 대체로 서두만 읽어도 무슨 말을 하고 싶은지 파악할 수 있어서 이걸 굳이 끝까지 읽어야 하나 의문이 들기도 했습니다. 또한 레닌은 자서전 같은 걸 쓸 겨를도 없었지만, 자기 인생을 반추하는 데 무관심했어요. 반면에 트로츠키는 『나의 생애*My Life*』라는 아주 재미난 자서전을 남겼지요. 그에게는 확실히 문학 소년 같은 기질이 있었습니다.

저는 트로츠키가 어떻게 체제에 대한 불만을 갖기 시작했는지 상당히 궁금했는데요. 자서전에 이에 대한 언급이 있습니다. 트로츠키는 1879년 러시아 남부(오늘날의 우크라이나)의 헤르손에서 태어났습니다. 헤르손은 흑해의 북안에서 약간 떨어진 초원 지역인데, 당시에 이 초원이 개간되면서 농장들이 들어서기 시작해요. 자본가들이 투자해서 농장을 만들고 소작인에게 땅을 나눠주는 기업형 농장이 많았지요. 트로츠키의 아버지인 다비트 브론시테인David Bronstein(1847~1922)은 유대인 출신으로 문맹에 가까운 천민형 사업가였습니다. 당시에 러시아에서는 유대인이 지주가 될 수 없었는데, 기업형 농장의 투자자로 지주가 된 특수한 경우지요.

어린 시절 트로츠키는 소작료를 내지 못한 소작농을 질책하는 아버지를 목격합니다. 아버지는 고소를 하겠다고 협박했고, 농민은 아버지 앞에서 떨고 있었지요. 이를 목격한 트로츠키는, 자신에게 따뜻했던 아버지가 소작농에게는 얼마나 가혹한 존재인지 알게 됩니다. 그날 이후 아버지가 왜 이렇게 가혹한 사람인지에 대해 탐구하기 시작했고, 결국 트로츠키는 아버지가 가혹한 게 아니라 체제가 아버지를 가혹하게 만들었다는 걸 알게 됩니다. 체제의 논리를 이해하게 된 것이지요. 레닌은 모범생으로 어린 시절을 보내다가 형의 죽음으로 인한 충격으로 혁명 사상에 눈떴는데, 트로츠키는 자기 아버지에 대한 실망과 비판적 탐구로부터 혁명에 대한 관심이 도출된 겁니다.

트로츠키의 다른 가족을 살펴보면, 여동생인 올가 브론시테인Olga Bronstein(1883~1941)은 볼셰비키 혁명가 레프 카메네프Lev Kamenev(1883~1936)와 결혼합니다. 볼셰비키든 멘셰비키든 운동 과정에서 자기 주변 사람들을 동원했기에 혼맥으로 얽힌 관계가 꽤 있었지요. 트로츠키의 가족들은 스탈린이 트로츠키를 소련 밖

1928년 러시아에서 추방되었을 당시 트로츠키의 가족사진. 두 번째 아내였던 나탈리야 세도바, 아들 레프 세도프와 함께.

으로 쫓아낸 뒤 요시찰 인물이 되면서 역사의 희생자가 됩니다. 1930년대 말에 트로츠키의 형들을 비롯해 그의 활동과 아무런 관련 없는 혈육들까지 빠짐없이 총살을 당했습니다. 아들인 레프 세도프Lev Sedov(1906~1938)는 해외 망명지에서 암살당한 것으로 추정되고요. 말 그대로 멸문지화를 당한 겁니다. 멸문지화란 혈육뿐만 아니라 문하생까지 죽임을 당하는 것인데, 트로츠키의 역대 비서 여섯 명 중 자연사한 사람이 한 명도 없을 정도였습니다. 이런 데 대해 스탈린은 매우 철저한 사람이었어요.

트로츠키는 고교 졸업 후 노동운동을 하다가 만난 알렉산드라

소콜로프스카야Aleksandra Sokolovskaya(1872~1938)와 첫 결혼을 하는데요. 3년간의 결혼 생활 후 이혼하지만, 이후에도 친구로 지냅니다. 그런 그녀 역시 소련에서 총살당하고 말지요.

트로츠키는 자유에 대한 갈망이 꽤 컸던 인물입니다. 레닌은 귀양을 가도 순순히 형을 살고 돌아온 뒤 망명을 떠난 데 반해, 트로츠키는 노동운동에 투신했다가 체포되어서 1900년에 시베리아로 추방당했을 때 과감하게 탈출을 감행하지요. 귀양길에 도망쳤다가 붙잡히면 형이 가산되는데도 말입니다. 트로츠키의 본명은 레프 다비도비치 브론시테인Lev Davidovich Bronstein인데요. 시베리아에서의 탈출을 준비하며 신분을 감추기 위해 위조 여권을 구입하면서, 이 여권에 자신이 형을 살았던 오데사 감옥의 간수 이름을 마음대로 적어 넣어 '레온 트로츠키'라는 세기의 혁명가 이름이 탄생하지요.

러시아 수도 소비에트의 초대 의장을 거쳐 유럽과 북미의 망명지를 떠돌다

1902년 시베리아에서 탈출한 스물세 살의 트로츠키는 런던으로 가서 러시아 망명가 그룹에 합류합니다. 러시아 사민주의 운동의 아버지로 불렸던 플레하노프를 비롯해 당시 그의 수제자로 통했던 레닌 등과 함께 활동하며 러시아 사민당 기관지 《이스크라

РОССІЙСКАЯ СОЦІАЛЬ-ДЕМОКРАТИЧЕСКАЯ РАБОЧАЯ ПАРТІЯ

ИСКРА

„Изъ искры возгорится пламя!" Отвѣтъ декабристовъ Пушкину

№ 1. ДЕКАБРЬ 1900 ГОДА № 1.

НАСУЩНЫЯ ЗАДАЧИ НАШЕГО ДВИЖЕНІЯ.

ВИЛЬГЕЛЬМЪ ЛИБКНЕХТЪ.

《이스크라》는 마르크스주의 최초의 정치 신문으로 1900년 12월 말에 레닌, 플레하노프, 마르토프 등의 주도로 창간되었다. 사진은《이스크라》의 1호 표제 페이지.

Iskra》의 편집에 참여해요. 레닌은 트로츠키보다 아홉 살이 많았기 때문에 처음에 이들은 레닌이 명령하면 트로츠키가 따르는 상명하복 관계였습니다. 당시에는 상당히 가까운 사이였지요. 하지만 점차 관계가 틀어지면서 트로츠키는 레닌을 비롯해 러시아 마르크스주의의 큰 권위자들과 대립하게 됩니다.

1903년 러시아 사민당이 분당했을 때, 트로츠키는 볼셰비키를 등진 채 멘셰비키에 가담합니다. 1년 반 동안 레닌과 함께하면서 그는 레닌이 대단히 권위주의적이라고 느꼈어요. 자칫 잘못하면 볼셰비키가 레닌을 절대적 권력을 가진 수령으로 상정하는 당이 될 수도 있겠다고 본 것이지요. 또한 볼셰비키가 다수에 대한 소수의 복종을 철저한 규율로 지향하는 것을 비민주적이라고 여겼습니다.

트로츠키는 레닌을 비판했고, 레닌 역시 지인의 비판을 그냥 넘기는 성향이 아닌지라 트로츠키를 공격했지요. 1911년에 레닌이 쓴 「유다 트로츠키의 얼굴 붉어질 수치심Judas Trotsky's Blush of Shame」은 그중 가장 가혹한 비판일 겁니다. 트로츠키를 원색적으로 인신공격한 논문이에요. 그렇지만 트로츠키는 아랑곳하지 않고 레닌으로부터 독립적인 입장을 취하며 독불장군적인 면모를 보였습니다. 이후에 트로츠키가 스탈린에게 반기를 든 것은 결코 우연이 아니지요. 그는 타인의 권위에 굴복하지 않았고, 카리스마도 강한 인물이었어요. 결국 트로츠키는 멘셰비키가 자유주의자들과 연대 노선을 펼치는 데 실망해 1904년부터 1917년까지 초당파적 사회주의자로 활동합니다.

한편 트로츠키가 잘하는 일 중 하나는 열변 토하기였습니다. 혁명은 열변가의 시대이고, 트로츠키는 그에 들어맞는 사람이었지요. 1936년에 여운형이 쓴 「모스크바의 인상」이란 여행기에는 트로츠키의 열변에 대한 그의 목격담이 나옵니다. 1922년 초반에 열린 극동노력자대회에 초청받은 여운형은 그 전해에 유라시아 대륙 횡단열차를 타고 중국, 몽골, 시베리아를 거쳐 모스크바로 갑니다. 모스크바에서 가장 인상 깊었던 것이 바로 트로츠키의 연설이었다고 해요.

당시의 대중 연설은 수천 명의 대중이 모인 자리에서 확성기도 없이 진행되었고, 앞사람이 들은 이야기를 뒷사람에게 전달하며 연설이 퍼져나갔습니다. 트로츠키는 고래고래 고함을 지르며 러시아어로 연설을 했다고 해요. 여운형 일행은 인파의 제일 뒤에 있었는데, 영어는 잘했지만 러시아어는 구사하지 못했던 여운형의 옆에는 영어 통역관이 있었지요. 그런데 그 통역관도 트로츠키의 열변에 몰입돼 한마디도 통역을 하지 않고 트로츠키의 말만 열광적으로 들었다고 합니다. 여러 겹의 물리적 장벽이 있었던 셈인데, 그럼에도 여운형은 트로츠키의 연설 내용을 비롯해서 그의 제스처와 강력한 톤을 15년이 지나서도 잊을 수 없었다고 해요.

트로츠키는 1905년 제1차 러시아 혁명 당시에 레닌보다 더 혁명의 한가운데 있던 인물입니다. 그는 페테르부르크의 인기 있는 사회주의 신문 《나찰로Nachalo (시작)》의 공동 발행인이자 논객으로 활약했고, 노동계와도 교유하고 있었습니다. 그 계기로 페트로그라드 소비에트 의장으로 선출되지요. 러시아 수도에서 만들어진 최초의 소비에트에서 탄생한 첫 의장이었습니다.

러시아어로 소비에트란 'council', 즉 노동자들이 모여 의논하는 평의회라는 뜻입니다. 노동자 대표들의 참여형 직접민주주의 체제로, 소비에트 대표는 소비에트 관련 사항을 노동자들에게 보고해야 하며 노동자들은 언제든 대표를 소환할 수 있었어요. 다수의 동의를 바탕으로 하는 대안적인 비권력적 조절 기관이었지요. 트로츠키는 이 민주주의의 일선에서 노동자들과 함께 1년여의 시간을 보냅니다. 이 시절을 회고하면서 "우리의 주된 무기는 파업이었다"라는 말을 남기기도 했지요. 자신들의 의견을 따르지 않으면 파업을 하겠다고 함으로써 별다른 폭력 내지 강제 행사 없이 사회에 압력을 가할 수 있었던 소비에트의 힘을 보여주는 말일 겁니다. 이후 소비에트는 생활 조직의 영역까지 그 영향력을 확대합니다. 노동자 신문을 발행하고, 노동자 민병대를 만들어 치안을 담당했지요. 철도 노동자와 체신 노동자를 조직해서 통신망도 장악했고요. 대단히 흥미로운 노동자 직접민주주의의 실험 속에서 트로츠키는 자신의 정치적 출발을 한 셈입니다.

하지만 그 실험은 오래 가지 못합니다. 혁명의 열기가 차츰 식어갔기 때문입니다. 이때 트로츠키는 제정러시아 정부가 서방 국가에게 빌린 외채를 노동자들이 갚을 의무가 없다는 급진적인 성명을 발표하면서 일약 국제적인 유명 인사가 됩니다. 이로 인해 러시아 국채의 값이 떨어지자 제정러시아 정부는 트로츠키의 활동을 더 이상 묵인할 수 없어지지요. 결국 소비에트는 강제 해산되고 1906년 트로츠키는 체포되어 재판에 회부됩니다.

하지만 트로츠키에게 법정은 자신의 생각을 펼쳐 보일 무대가 되어주었어요. 재판에서 열변을 토하며 자신을 변호한 것을 계기로 그는 다시 국제적인 스타가 됩니다. 레닌에게는 러시아에서 공개재판을 받거나 열변을 토할 기회도 없었을 뿐더러 설령 그런 상황에 놓이더라도 트로츠키처럼 하지 못했을 거예요. 하지만 트로츠키는 이 상황을 자신의 기질로 돌파해나갔지요.

그는 재판에서 시베리아 유배형을 선고받지만, 또다시 도망쳐 망명길에 오릅니다. 이후 그는 1907년부터 1917년까지 유럽과 미국을 오가며 생활했습니다. 과거의 망명지였던 런던을 거쳐 오스트리아의 빈에 안착해요. 천민 사업가의 아들인 트로츠키는 레닌처럼 어릴 적부터 가정에서 외국어를 익히진 못했지만, 독일어를 모국어만큼 유창하게 구사했고 영어와 프랑스어에도 능통했습니다. 그러니 오스트리아에서의 활동에 무리가 없었지요. 제1차 세계대전이 발발한 후 각국 사민주의자들이 서로에게 칼을 겨누게 되면서 국제성이 많이 떨어지긴 했지만, 그전까지만 해도 러시아 사민주의자가 오스트리아에서 오스트리아 사회민주노동자당(사민당) 당원처럼 활동하는 데는 큰 문제가 없었습니다. 각국 사민당이 세계 사민주의를 위한 국내 '지부'라는 정체성을 갖고 있었기 때문입니다.

트로츠키는 빈에서 오스트리아 사민당 활동에 적극적으로 참여했고 상당한 족적을 남깁니다. 1908년부터는 독립적인 사회주의 신문《프라우다》를 격월간으로 3년 반 동안 발행했는데, 이후 볼셰비키가 당 기관지로 동명의 신문을 발행하자 이름을 도용당했다며 격분하기도 합니다. 또한 생계를 해결하기 위해《키예프스

제1차 발칸전쟁은 터키와 발칸 동맹국들 사이에서, 제2차 발칸전쟁은 터키로부터 되찾은 땅의 분할을 둘러싸고 동맹국들 중 불가리아와 나머지 세 나라 사이에서 벌어졌다. 그림은 제1차 발칸전쟁의 구도를 보여주는 선전 포스터.

카야 므슬》에서 기자 생활을 한 게 바로 이 시기입니다. 《키예프스카야 므슬》은 우리로 치면 《경향신문》이나 《한겨레》 같은 리버럴한 신문인데, 재정 상태도 상당히 양호했습니다. 트로츠키는 이 신문의 종군기자로 발칸전쟁의 현장을 취재하기도 했습니다. 발칸전쟁은 1912년에 발발했는데, 초반에는 슬라브 국가들이 터키를 상대로 싸움을 벌였지만 시간이 지나면서 발칸 국가들끼리 영토 따먹기 목적으로 서로를 상대로 싸웠습니다. 트로츠키는 종군기자로서의 경험을 통해 전쟁에 대한 식견을 갖추게 되었고, 러시아 혁명 이후 군사 인민위원이 되었을 때 이 경험을 활용하기도 합니다. 물론 기자로서 현대 전쟁에 대한 군사적 접근이나 불가리아와 세르비아 정치에 대한 깊이 있는 분석이 돋보이는 글들을 선보이기도 하지요.

그러던 중 트로츠키는 독일 사민당이 의회에서 전시 공채 발행안에 찬성표를 던진 1914년 8월 4일, 그 운명의 날을 맞이합니다. 이때 레닌도 오스트리아에 있었는데, 오스트리아 사민당 지도자인 빅토어 아들러Victor Adler(1852~1918)가 보증을 서주어서 무사히 스위스로 빠져나갑니다. 레닌이 러시아 간첩이 아니냐는 빈 경찰청장의 질문에 아들러는 "이 사람이 당신보다 러시아 황제를 더 미워합니다"라고 답했다고 해요. 한편 트로츠키를 위해서는, 사민당원이 개인 차량에 그를 태워 경찰청까지 함께 간 뒤 경찰청장에게 사적으로 부탁해서 트로츠키가 오스트리아를 빠져나갈 준비를 할 이틀의 시간까지 벌어줍니다. 당시만 해도 오스트리아 사민당은 상당한 의석을 확보한 합법 정당이었기에 정권과의 네트워크를 통해 러시아 동료들을 어느 정도 보호해줄 수 있었던 겁니다. 러시아 사민당과는 달리 유럽의 사민당들은 정권과 우호적인 관계를 유지하고 있었던 것이지요.

오스트리아를 빠져나오면서 트로츠키는 세계적인 반전 활동을 벌이기 시작합니다. 이때부터 레닌은 "제국주의 전쟁을 내란으로 전환시키자"라는 주장을 폈는데, 트로츠키 역시 비슷한 생각이었지만 국제사회주의 운동의 분열을 우려해 온건한 주류 사민주의자들과의 관계를 깨고 싶어하지 않았어요. 그래서 전쟁에 대한 반대 입장은 명확히 하되 레닌에게 제2인터내셔널의 연대를 훼손하지 않는 중도적인 노선을 종용합니다. 국제 관계에 있어서는 트로츠키가 레닌보다 감이 좋았고 국제 정세에 정통하기도 했어요. 그는 어떻게 하면 오스트리아, 독일, 프랑스의 사민당을 전쟁에 반대하는 방향으로 유도할 수 있는지 알고 있었습니다. 트로츠키는 권위에 굴복하지 않는 대단히 급진적인 사람으로 알려져 있지만, 중대한 결정을 내릴 때는 국제적인 상황을 타진하면서 중도 노선을 고려하는 신중한 사람이었어요.

그는 여러 나라를 전전하며 망명 생활을 하다가 제1차 세계대전 참전국인 프랑스에서 반전 활동을 벌인다는 죄목으로 강제 추방을 당합니다. 마지막으로 향한 곳은 미국이었는데요. 뉴욕에 체류하며 유대인 공동체의 사회주의 신문에 글을 기고하는 것으로 생계를 유지합니다. 하지만 1917년 2월 혁명이 터지자마자 미국 정부는 반정부 활동을 명목 삼아 그를 체포한 뒤 러시아로 강제 추방할 것을 결정합니다. 추방 직전에 독일 포로들과 함께 한 달 동안 캐나다의 수용소에 갇혀 지내는데요. 이때 트로츠키는 독일 포로들 상당수를 사민주의자로 만들 정도로 민중과의 친밀성과 언변이 좋았다고 해요. 세계 어느 곳에 떨어뜨려놓더라도 그는 사람들과 이야기를 나누며 사회주의를 설파했을 사람이지요.

10월 혁명을 주도하며
외무 인민위원과 군사 인민위원으로 활약하다

트로츠키는 혁명이 시발된 러시아로 향합니다. 그는 사회주의자였지만 볼셰비키나 멘셰비키 당원은 아니었어요. 하지만 혁명이 전개되자 이 혁명이 사회주의 혁명으로 이어져야 한다는 볼셰비키의 주장에 동의하면서 당에 합류합니다. 개인적으로 레닌은 트로츠키를 '(가룟) 유다'라 칭할 만큼 그를 의심했지만, 공적으로 트로츠키가 볼셰비키 정당의 승리에 결정적인 역할을 할 인물이라고 봤어요. 트로츠키의 인기도 무시할 수 없었을 테고, 페트로그라드의 소비에트 초대 의장이라는 그의 전력도 염두에 두었을 겁니다. 레닌은 그만큼 공사 구분이 엄격한 사람이었지요.

하지만 볼셰비키에 오래 몸담았던 카메네프, 지노비에프 같은 최고참들은 트로츠키에 대한 경쟁의식이 강했습니다. 그들은 트로츠키에게 대중을 포획하는 주술 같은 힘이 있다며 그를 견제했습니다. 스탈린 역시 자신이 러시아에서 지하당원으로 지내는 동안 줄곧 편하게 외국을 떠돌았던 트로츠키에게 강한 시기와 질투를 드러내 보였습니다. 외국어를 구사하지 못했고 혁명 전에 고작 한 편의 논문만을 발표했던 스탈린으로서는 이미 국제적인 명성을 얻으면서 문필가로 인정받고 있던 트로츠키가 마땅찮았던 겁니다. 대부분의 평당원들은 트로츠키에 대해 우호적이었지만, 당

1917년 10월, 러시아에서는 임시정부에 항의하며 '빵과 평화'를 요구하는 대중들의 시위가 이어졌다. 이 시위의 주도 세력은 바로 레닌과 트로츠키를 비롯한 볼셰비키였다. 10월 혁명 당시 모스크바에서의 시위 모습.

지도부는 그를 견제했던 것인데요. 사회주의자라고 해서 권력투쟁에 둔감한 것은 아닙니다. 안정된 지위에 있는 제도권 정치가들은 내부 경쟁을 하더라도 굳이 감정적 대응을 하지 않아도 되지만, 사회주의자들은 지위가 불안정하다 보니 도리어 권력투쟁에 첨예해지기도 하는 겁니다.

1917년 2월의 민주주의 혁명은 전쟁의 종식, 귀족의 농장과 농지 몰수 및 균등 분배, 도시민의 생계 보장 등 여러 절박한 과제들을 해결하지 못했습니다. 결국 가진 자, 즉 기득권층 본위의 부르주아 민주주의의 한계를 노정했다고 보면 됩니다. 그래서 2월 혁명 이후에 급진적 정파들, 즉 볼셰비키를 비롯해 사회혁명당 좌파와 아나키스트들은 10월 혁명을 추진해서 권력을 쟁취합니다. 이를 주도한 게 바로 레닌과 트로츠키예요. 스탈린, 지노비예프, 카메네프 같은 볼셰비키의 고참들은 이 혁명에 반대했습니다. 반대파들은 러시아가 안정된 자유민주주의 국가가 되면 15만 명의 당원을 보유한 볼셰비키가 의석을 확보한 뒤 독일 사민당처럼 안정적 의정 활동을 벌이면서 권력을 얻을 수 있다고 봤습니다. 하지만 혁명을 시도했다가 실패할 경우 모두의 목숨을 내놓아야 할 텐데, 반대파로선 혁명을 위해 순교할 생각이 없었던 것이지요.

트로츠키는 분명 반대파들과 다른 유형의 인간이었습니다. 그는 1917년 2월 혁명 이후의 부르주아 임시정부가 실질적인 권력을 획득하지 못했고 지지 기반도 약하다고 진단했습니다. 나라 전체가 급진화되고 있으니 급진파가 권력을 잡기에 무리가 없다고 봤지요. 트로츠키는 원대한 정치적 계산을 마친 후 혁명에 모든 것을 걸었습니다. 그에게는 그런 모험 정신이 있었어요. 이미 제도화된 볼셰비키 지도부는 할 수 없었던 일이지요. 혁명에 있어, 그리고 볼셰비키에게 있어 가장 필요한 것은 바로 트로츠키 같은 독립적이며 비제도적인 인물이었습니다. 하지만 혁명이 끝나고 난 뒤 가장 쓸모없어진 인물 또한 트로츠키였지요. 혁명이 성공하여 내란이 종식된 뒤 볼셰비키 지도부가 가장 먼저 작심한 것이 트로츠키를 당 요직에서 축출하는 것이었습니다.

권력에 대한 재야 정당들이 심리에는 참 재미있는 지점이 있어요. 비록 재야에 있더라도 내부의 많은 이들은 안정된 의정 활동을 벌이면서 자신의 권력을 확보하기를 원합니다. 또한 안정된 재야는 권력자들보다 권력에 대한 지향이 더 강하고 보수적일 수 있어요. 이런 맥락에서 혁명을 가장 싫어하는 당이 바로 유럽의 공산당들입니다. 그 사실은 프랑스에서의 68혁명 때 확인돼요. 당시에는 프랑스 공산당이 노조에 대한 주도권을 확보하고 있었는데, 총파업으로 프랑스 전체가 마비되었을 때 공산당은 임금 인상 협상을 시작하면서 총파업을 무마시켰습니다. 드골 정부를 구해준 것이 공산당이요, 혁명을 가장 싫어했던 것이 제도권 공산주의자였던 겁니다.

10월 혁명 이후 트로츠키는 외무 인민위원, 지금으로 치면 외무부 장관에 취임합니다. 제1차 세계대전에 가담하고 있던 러시아로서는 꽤 어려운 숙제를 풀어가야 하는 자리였습니다. 신흥 정부의 가장 큰 과제가 바로 이 전쟁을 어떻게 끝낼 수 있을까였으니까요. 당시에 전쟁은 이미 러시아에서 인기를 잃은 상태였고, 민중들은 하루빨리 독일과 화해하고 평화를 되찾고 싶어했습니다. 임시정부는 전쟁을 계속 추진하다가 무너진 것이기도 하지요. 러시아는 평화를 원했지만, 독일은 그렇지 않았습니다. 독일로서는 혁명으로 혼란스러운 러시아 상황을 틈타 더 많은 지역을 정복하고 싶어했어요. 러시아에서는 이에 대한 대처 문제가 대두되는

데, 볼셰비키 지도자들의 의견은 엇갈립니다. 볼셰비키 좌파들은 여력은 없었지만 게릴라전을 펼치길 원했고, 레닌은 독일과 굴욕적인 협상을 해서라도 평화를 얻자는 현실적인 주장을 폈습니다.

트로츠키는 레닌의 의견에 반대했어요. 소비에트 러시아가 독일과 협상한다면 소비에트의 명예와 혁명의 명분이 실추되며 러시아 내부에서 독일 첩자가 아니냐는 의심을 받을 수 있다고 반박했지요. 그렇게 되면 다른 혁명 정파들과 더 이상 연대할 수 없을 거라는 말도 덧붙였습니다. 당시만 해도 소비에트 정권은 연립내각이었습니다. 혁명을 함께한 사회혁명당의 좌파는 독일과의 협상을 거부하고 있었어요. 트로츠키는 레닌의 의견을 따를 경우 혁명에 가담했던 다른 정당들이 떨어져 나가면서 혁명 진영이 분열되고 볼셰비키가 고립될 수 있다는 의견을 피력합니다.

그렇다면 트로츠키는 어떤 안을 제시했을까요? 그는 전쟁도 평화도 단언하지 말자는 묘안을 내놓습니다. 독일과의 협상에서는 시간을 끌면서 독일군이 쳐들어올 땐 주민들의 게릴라전을 지원하고 독일 병사들에게 반제국주의적인 선전, 선동을 하자는 것이었지요. 이는 결국 모든 것을 독일 혁명에 걸자는 원대한 포부를 제시한 것이기도 합니다. 당시 독일에서는 혁명의 열기가 오르고 있었으니 그것은 꽤 현실적인 제안이었어요. 실제로 1918년 가을에 독일에서 혁명이 일어납니다. 트로츠키의 전망은 틀리지 않았어요. 다만 혁명이 일어나는 데 약간의 시간이 더 필요했을 뿐입니다. 트로츠키는 원대하고 장기적인 세계 혁명적 시야에서 자신의 의견을 피력했던 반면, 레닌은 혁명을 통해 세운 새로운 정권의 생존 자체가 당시로선 중요하다고 여겼던 겁니다.

레닌은 트로츠키의 반대를 무릅쓰고 굴욕적인 협상을 통해 독일과 강화 협정(브레스트 강화조약)을 맺습니다. 이후의 상황은 트로츠키의 예측대로 진행됐어요. 사회혁명당의 좌파는 볼셰비키를 배신자로 단정 짓고 내각에서 떨어져 나갑니다. 1918년 6월에는 모스크바 거리에서 볼셰비키와 시가전까지 벌였어요. 이 과정에서 볼셰비키는 반동 세력을 비롯해 독일과의 협상에 반대했던 사회혁명당과 멘셰비키 등 상당수의 구舊혁명 세력과 적대 관계에 돌입합니다. 신흥 볼셰비키 정권은 이들을 탄압함으로써 사안을 해결하려 했어요. 결국 일당독재로 가는 길이 펼쳐졌지요.

1918년 3월 외무 인민위원을 그만둔 트로츠키는 군사 인민위원으로 자리를 옮깁니다. 압박해 들어오는 독일군을 제어하면서 러시아에서의 내전을 진압해야 하는 자리였습니다. 이에 대해 트로츠키는 레닌과 유사한 노선을 택합니다. 현실과 타협한 것이지요. 트로츠키는 러시아의 혁명적 민병대가 독일 정규군과의 전투에서 완패하는 것을 보고서 러시아도 정규군을 만들어야 한다고 봤습니다. 그는 자신이 발칸전쟁에서 본 정규군을 재현하는 일에 착수해요. 정규군을 만든다는 것은 곧 징병제의 부활을 뜻하지요. 이 과정에서 제정러시아 군대의 장교들이 재임용되어 모든 부대에서 옛 군대 출신의 기술지식인 장교가 부대장이 되고, 공산당 출신의 정치위원이 그 옆에서 모든 명령서에 서명을 하는 이원적 조직이 만들어집니다. 또한 장교의 이탈을 우려해, 배신했을 경우 전 가족을 총살하거나 수용소에 가두는 것을 법률상의 원칙으로 삼았습니다.

트로츠키에 의해 만들어진 적군赤軍에는 두 가지 동력이 있었습니다. 하나는 혁명으로 토지를 분배받은 농민들과 혁명에 큰 기대를 걸었던 노동자들의 열성이었어요. 나머지 하나는 500만 명에 달하는 적군에게 적용되는, 전시 상황과 같은 엄격한 군율이었습니다. 트로츠키는 엄격했던 제정러시아 군대의 일부 군율을 그대로 부활시킨 겁니다. 물론 모든 규율을 전부 다 부활시킬 순 없었지만요. 러시아에서 졸병에 대한 장교의 구타가 부활한 것은 고르바초프 집권 이후입니다. 러시아가 자본화된 후 지금의 한국 군대와 유사한 형식으로 다시 한번 재편된 것이지요. 트로츠키가 군사 인민위원으로 있는 동안 군대에서는 폭언 내지 구타를 제외한 옛 군대의 모든 규칙이 되살아납니다.

이 상황에서 큰 사건이 터집니다. 1921년 3월에 크론시타트에서 기아와 식량 징발 제도에 반발해 농민 출신의 수병들이 15개의 요구안을 제시합니다. 이들이 레닌 정부에 한 주요 요구는, 소비에트에서 공산당원 대신 사회혁명당원과 아나키스트를 뽑으라는 것이었습니다. 하지만 이는 반란으로 오인받아 결국 5만 명의 적군이 진압에 들어갑니다. 페트로파블롭스크라는 군함에 소속된, 반란 가담자로 의심되는 167명의 수병을 잡아 당일에 혁명 재판이라는 명목으로 모두 총살해버리지요.

트로츠키는 기본적으로 인간을 원숭이로부터 진화한, 한계 많은 존재로 보았고, 따라서 공포 없이는 다스릴 수 없다고 생각했습니다. 무산계급의 독재도 결국 인간을 다스리는 정권인 이상 공포로 다스려야 한다고 보았지요. 또한 그는 국가가 반드시 필요한 도구이며, 이 도구를 무산계급이 갖는 데 대한 거부감이 없었습니다. 국가가 조직한 규율 강한 군대 역시 신뢰할 수 있다고 보았고요. 트로츠키가 만들어낸 군대가 잔혹하기는 했지만, 이는 대중들의 혁명적 열성을 바탕으로 한 것이었습니다. 백군을 지휘했던 제정러시아 출신의 장교들과 비교해보면 그 잔혹성이 더한 것은 아니었고, 심지어 트로츠키는 적군의 졸병들로부터 상당한 인기를 누리기까지 했습니다.

1920년에 벌어진 러시아와 폴란드의 전쟁에서 트로츠키는 본인의 예리한 군사적 감각을 다시 한번 보여줍니다. 전쟁 초반에는 적군이 예상보다 많은 승리를 거두면서 폴란드의 수도인 바르샤바까지 공략할 수 있는 판세가 펼쳐집니다. 이때 레닌과 스탈린은 바르샤바 정복을 주장하는데, 트로츠키는 폴란드의 강한 민족주의로 인해 혁명이 당장 지지를 얻을 수 없다는 현실적인 판단을 내리고서 이에 반대하지요. 결과적으로 폴란드 군대는 적군을 격

1919년 러시아 내전 당시 백군이 제작한 포스터, 〈소비에트 러시아에서의 평화와 자유〉(왼쪽). 1920년 러시아 폴란드 전쟁 당시 폴란드 정부가 제작한 포스터, 〈볼셰비키의 자유〉(오른쪽). 트로츠키에 대한 악마화 차원의 묘사에서 그들이 얼마나 트로츠키를 두려워했는지가 엿보인다.

파합니다. 트로츠키의 예언이 적중한 것입니다.

1920~21년에 트로츠키는 '노조의 국가기관화'와 '노동의 군사화'를 주장합니다. 노조를 국가기관으로 만든 후 노동자가 직장을 옮길 수 있는 권리를 박탈하고 국가기관에 의해 노동자를 무제한적으로 징발할 수 있도록 하자는 것이었습니다. 이 주장은 노동자 출신 공산당 간부들의 원망을 사는데요. 트로츠키는 노동자 국가에서 노동자가 국가의 명령을 싫어할 이유가 없으며 국가를 두려워할 이유도 없다며 국가에 대한 근거 없는 낙관을 드러냅니다. 이러한 중앙집권적 국가권력의 숭배는 볼셰비즘의 공통된 문제이기도 했습니다.

소련으로부터의 축출과 추방, 그리고 암살에 이르기까지

1922년, 레닌이 치명적인 병을 앓게 되자 스탈린은 권력을 휘두르기 시작합니다. 스탈린은 소수자 출신이었지만 소수민족 공화국에 별다른 자율성을 부여하지 않으면서 러시아 공화국에 이들을 편입시키는 등 소수민족들을 권위적으로 이끌었어요. 이를 목도한 레닌은, 스탈린에게 권력이 넘어갈 경우 당이 관료화되고 독재 기관으로 전락할 수 있다고 판단했습니다. 그는 트로츠키에게 스탈린 일파에 반대하는 정치적 동맹을 제안합니다. 그렇게 트로츠키는 와병 중인 레닌과 가까워지는데요. 이는 스탈린과 그 주변의 카메네프, 지노비예프에게 달갑지 않은 일이었습니다. 결국 레닌은 사망하고, 트로츠키는 그때부터 당내에서 집단 따돌림을 당하게 되지요.

당시에 트로츠키는 군에서 인기가 많았고 대중들에게 카리스마적인 존재로 인정받고 있었습니다. 하지만 스탈린을 비롯한 반트로츠키 블록의 계책을 당해내지 못해요. 소비에트 공산당에서 지방 서기관이나 당대회 대표는 민주적으로 선출했지만, 후보를 내정하는 것은 총서기의 몫이었습니다. 1922년 총서기에 임명된 스탈린은 이 권한을 활용해서 지방 서기관을 자기 뜻대로 임명하는 권력을 휘두릅니다. 자신에게 충실한 인물을 지방 서기관으로 보내고, 그를 통해 당대회 구성을 좌지우지한 것이지요.

이런 방식으로 스탈린은 1923년부터 트로츠키파 인물들을 좌천하기 시작합니다. 이 과정에서 그는 기본적인 민주주의 절차를 무시하기도 해요. 트로츠키파의 핵심 인물이자 우크라이나 소비에트 공화국 의장이었던 크리스티안 라콥스키Christian Rakovsky(1873~1941)를 영국 대사로 좌천한 것을 단적인 예로 들 수 있습니다. 우크라이나는 독립국이므로 자유롭게 의장을 선출하고 그 의장이 공화국의 수장으로 활동할 수 있는데, 이 원칙을 무시하고 의장이었던 라콥스키를 영국으로 보내버린 것이지요.

그러던 와중에 스탈린과 트로츠키의 사상 논쟁이 벌어집니다. 1923년 10월 8일 트로츠키는 당 중앙위원회에 편지를 보내 당내 민주주의의 실종을 문제 삼습니다. 총서기의 권력이 이미 독재 기관의 수준에 이르렀고, 평당원이 결정할 수 있는 것은 아무것도 없다며 스탈린을 성토합니다. 또한 중앙에서 지방 서기관을 임명하는 시스템은 당이 관료화되는 원천이라고 주장해요. 이후 트로츠키는 《프라우다》 등에 자신의 의견을 발표하며 공개적인 논쟁을 이어가지만, 이는 궁극적으로 지는 게임이었습니다. 이미 당 중앙에 의한 당 장악이 공고화돼 당이 일개 관료 기구가 된지라 당 중앙에 반대하는 어떠한 의견도 다수의 지지를 얻을 수 없었던 겁니다.

트로츠키는 특히 러시아처럼 후진적인 나라에서는 일국 사회주의가 불가능하다고 보았어요. 만약 진정한 민주적 사회주의를 실현하고자 한다면 혁명이 다른 발전된 나라로 번져야 하며, 러시아가 그 나라의 원조를 받아 빠른 속도로 공업화를 이루고 더욱 선진적인 사회가 되어야만 노동자들의 민주주의에 대한 요구가 이어질 것이라고 본 겁니다. 이러한 주장에 대해 스탈린은 트로츠키가 대외적인 모험주의 노선을 추구하고 전쟁을 원하며 급속한 공업화로 농민들을 괴롭히려 한다는 비판을 퍼붓습니다.

사실 당내 민주주의와 세계 혁명에 대한 트로츠키의 구상은 일부분 독자적이지만 크게 본다면 레닌의 사상을 따른 것입니다. 하지만 스탈린은 이를 '트로츠키주의'라고 명명하지요. 이는 볼셰비키도 아니고 레닌주의도 아니라는 식의 경멸적인 비칭인데, 이후로도 오랫동안 사용됩니다. 물론 트로츠키의 주장에 약점이 없었던 건 아니에요. 그는 당내 민주주의의 부활을 주장했지만 당 외의 민주주의에 대해서는 무관심했습니다. 단적인 예로 사회주의 계열의 멘셰비키 등이 합법적으로 활동할 수 있게 힘을 보태주지 않았습니다. 볼셰비키 국가에 대한 맹신도 지속되었고요.

한편 1925년 즈음에는 요직에 있던 트로츠키파 사람들이 모두 사라졌습니다. 트로츠키의 권력 기반은 파괴되었고, 그만큼 스탈린의 권력이 커졌지요. 이에 두려움을 느낀 카메네프와 지노비예프는 스탈린에게 등을 돌리고 트로츠키의 편에 섭니다. 스탈린을 제거하지 않으면 스탈린의 독재국가가 되어 본인들이 설 자리가 사라질 거라는 위기감을 느꼈던 거예요. 1926년부터 스탈린은 비밀경찰을 총동원해 트로츠키를 비롯한 반대파를 탄압하고 이들에 대한 감시 체계를 구축합니다. 민주주의가 사라진 것은 물론이고 비밀경찰을 바탕으로 한 일인 독재가 시작되지요.

1927년 러시아 혁명 10주년 기념행사에서 트로츠키파는 정권에 대한 불만을 표하는 별도의 집회를 계획합니다. 집회 자체를 금지할 수 없었던 스탈린은 트로츠키가 유대인이라는 점에 착안하여 반유대주의자들을 추동해 방해 공작을 펼칩니다. 후진적인 대중들의 원색적인 본능을 이용해 공격한 겁니다. 1927년을 기점으로 트로츠키가 당에서 내몰린 것은 물론이거니와 당내 민주주의를 요구하거나 스탈린의 독재에 저항하는 모든 세력은 감시와 체포의 대상이 됩니다. 1928년 초에는 일부 반대파의 당적을 박탈하고 트로츠키를 카자흐스탄 지역의 알마아타(현재의 알마티)로 귀양 보내지요.

러시아 혁명은 그리 오래 가지 못했습니다. 1917년에 시작된 혁명은 1920~21년을 지나면서 관료화되고 권력 구조가 또 한번 바뀝니다. 1927년에 이르러서는 혁명의 마지막 유산이 거의 사라지면서 사실상 스탈린의 무제한 개발독재가 자리 잡게 되지요.

그렇게 혁명은 끝나고, 트로츠키는 귀양을 갔다 돌아온 뒤 결국 추방당합니다. 그런데 트로츠키에게 비자를 내주려는 나라를 찾기가 쉽지 않았습니다. 문제적 인물을 자국에 들이는 걸 두려워한 데다가 트로츠키를 받아주면서까지 소련과의 관계를 어그러뜨리고 싶지 않았기 때문입니다.

결국 트로츠키는 터키와 프랑스를 거쳐 노르웨이로 갑니다. 사민주의자들의 도움으로 그곳에 2년간 거주하는데요. 당시 노르웨이 집권당이었던 노동당 관료들은 트로츠키에게 노르웨이 국내 정치에 절대 간섭하지 말라는 입국 조건을 내걸 만큼 그를 위험시했습니다. 특히 노르웨이 노동당 출신의 당시 외무부 장관이자 이후 유엔의 초대 사무총장을 역임한 트뤼그베 리Trygve Lie(1896~1968)는 트로츠키에 대한 반감이 컸던 걸로 알려져 있지요. 트로츠키는 노르웨이에서도 스탈린에 대한 부정적인 글을 여럿 집필합니다. 이에 러시아는 노르웨이 정부에 노르웨이산 생선 구매를 중단하겠다는 통보를 하고, 그날 이후 트로츠키는 가택 연금을 당하다가 수개월 후 다시 추방됩니다. 노르웨이로서는 트로츠키에 대한 의리를 지키기 위해 실질적인 대소對蘇 관계를 포기할 수 없었던 겁니다.

노르웨이에서 쫓겨난 트로츠키는 멕시코로 향합니다. 당시의 멕시코는 혁명을 거치면서 진보적인 분위기가 꽤 남아 있던 나라였습니다. 이후 단시간 내에 좌파적 색채의 개발독재가 진행되긴 하지만요. 유럽 혁명가에 대한 관심이 고조되어 있던 멕시코가 트로츠키를 받아준 것인데, 트로츠키는 이곳에서 스탈린이 보낸 자객에게 암살당합니다. 스탈린은 1938년부터 트로츠키의 암살을

1940년 4월 5일, 멕시코에서 미국 트로츠키주의자들과 함께. 트로츠키는 불과 넉 달 후에 라몬 메르카데르에 의해 암살당한다.

국가의 주요 계획 중 하나로 수립할 정도로 이에 골몰하고 있었는데요. 그의 입장에서 보자면 마침내 성공한 것이지요. 러시아 내에서 트로츠키파로 몰린 사람은 반성문을 쓰고 전향했다 할지라도 빠짐없이 총살을 당할 정도였습니다. 알렉산드르 솔제니친 Aleksandr Solzhenitsyn(1918~2008)의 『수용소 군도』에는 트로츠키주의자들이 수용소에서 집단 단식을 하다가 모두 총살당하는 장면이 묘사되어 있습니다. 솔제니친이 수용소에서 지내며 얻어들은 광경을 기술한 것이지요. 북한의 남조선노동당(남로당)과 비슷한, 아니 어쩌면 더 비참한 운명이었다고도 볼 수 있을 거예요.

1980년대 말까지만 해도 소련 정권이 가장 기피하고 혐오했던 인물은 솔제니친 같은 망명 작가가 아니라 이미 죽고 없는 트로츠키였습니다. 소련 정권은 그 정도로 트로츠키의 카리스마에 대한 공포를 강하게 품고 있었어요. 소련식 사회주의의 비민주성을 비판했던 트로츠키는 자신들이 민주적 사회주의를 실현하고 있다는 집권 공산당의 근본적인 명분을 부정하는 위험인물이었습니다. 공산당 간부들과 늘 불편한 관계에 있던 그는 관료들이 권력을 잡은 국가에서 쫓겨나 망명 생활을 하다가 고통스럽게 죽음을 맞이합니다.

그렇다면 우리는 트로츠키를 역사적 패배자로 봐야 할까요? 꼭 그렇지만은 않습니다. 소련이 몰락한 뒤, 한국에서는 소련의 사회주의를 따르겠다는 명분이 사라지면서 그 틈새를 주사파가 파고듭니다. 유럽이나 미국에서는 스탈린의 폭정이 널리 알려지면서 그렇잖아도 관료화되었던 공산당들의 활동이 위축되지요. 하지만 서유럽을 중심으로 민족과 국민이라는 개념에 아랑곳하지 않았던 트로츠키가 새로운 생명력을 얻어나갑니다. 군사 공격이 잦아지고 세계 체제가 크게 흔들리는 신자유주의의 광풍 앞에서 트로츠키가 상당히 매력적으로 다가온 거예요. 현재의 관점에서 보면 그는 레닌이나 스탈린보다 생명력이 강하다고 할 수 있겠지요. 구미권 트로츠키주의 세력들의 분열 경향과 교조주의, 노동계급 사이에서의 대중성 부족 등은 문제였지만요.

그런데 트로츠키의 사상이 얼마나 많은 이들에게 어필하는지를 가늠하는 데는 다소 어려움이 있습니다. 왜냐하면 아주 모호한 형태로 트로츠키의 급진적인 사상에 동의하는 좌파들이 많기 때문입니다. 즉 트로츠키의 사상을 추종하는 것은 아니지만, 노동계급의 급진적인 운동과 노동자의 참여민주주의, 자산계급의 정치 활동과는 구분되는 노동계급의 정치 활동, 혁명의 세계성, 혁명 과정에서 나타나는 관료화의 문제 등에 대해 모호하고 넓은 의미에서 트로츠키주의에 동의하는 이들이 꽤 있는 겁니다.

하지만 앞서 간단히 언급했듯이 트로츠키주의는 조직 형태로 보면 상당히 분열적입니다. 대개 조직의 규모도 자그마해요. 혁명 이후 스탈린과의 갈등이 시작되었을 때, 트로츠키는 스탈린이 주도했던 제3인터내셔널(코민테른)과 경쟁하지 않습니다. 하지만 1938년에 이르러 스탈린이 독일에서의 파시스트 집권을 막지 못하는 것을 목도한 후 그는 제4인터내셔널을 결성해요. 그러나 얼마 지나지 않아 트로츠키가 사망하면서 트로츠키주의자들은 분당에 들어가고 결국 작은 정파들로 나뉩니다. 제일 먼저 탈당한 것은 비교적 온건했던 미국 트로츠키파였지요. 그들은 소련의 관료화를 확대 해석하면서 소련 체제가 동방적 전제주의의 일종으로서 미국식 민주적 자본주의보다 열악하다고 보았습니다. 따라서 자본주의 국가로부터 소련을 보호해야 한다는 입장을 취했던 제4인터내셔널과의 관계를 끊고 독자적인 활동을 벌이다가 대다수는 미국 사회당에 흡수되지요.

제2차 세계대전 이후에도 제4인터내셔널은 분열의 역사를 이어갑니다. 이는 제4인터내셔널의 초기 서기장이었던 미셸 파블로 Michel Pablo(1911~1996)의 입당주의에 대한 찬반 문제로 불거지는데요. 입당주의란 어차피 트로츠키파가 소수이니 공산당이나 사민당에 입당해서 트로츠키의 사상을 선전, 선동하자는 주장이었습니다. 큰 정당에 입당해서 의견을 펼칠 것인가, 아니면 소수파로서 독자적 활동을 벌일 것인가의 문제는 1950년대 이후 트로츠키파 조직들에게 갈등과 분열의 씨앗이 되지요.

영국의 사회주의 노동자당Socialist Workers Party은 트로츠키주의 조직 중 정치력이 강하면서 정파적 배타성이 다소 덜한데요. 영국의 비판적 지식인들 사이에서 그 나름의 지지 기반이 있고, 토니 클리프Tony Cliff(1917~2000)가 당의 이론가로 활동했습니다. 그는 소련과 같은 형태의 사회를 자본 대신 국가가 축적의 주체가 된 자본주의의 일종으로 보는 '국가자본주의론'을 창시했지요. 이 정당은 2000년대 중반에 이슬람 단체와 전략적인 연대를 해서 의석을 확보하기도 합니다.

한국에도 트로츠키 조직이 활동하고 있는데요. 노동자연대가 바로 이 정당의 자매단체입니다. 노동자연대의 전신인 다함께는 과거에 민주노동당(민노당)으로의 입당주의 전략을 채택했지요. 영국의 사회주의 노동자당이나 한국의 노동자연대는 상당 부분 트로츠키주의를 수정해서 받아들이고 있기 때문에 각종 입당주의 전략 내지는 연대 전략 등을 비교적 많이 구사하고 있습니다.

이에 반해 트로츠키 정통파는 소련이 문제가 많았지만 부르주아 국가보다는 낫다는 신념으로 레닌 시대의 볼셰비즘 전통에 대한 강한 집착을 보입니다. 그러한 전통 중에서 철저한 권력 구조의 구축, 다수에 대한 소수의 절대적 복종, 지도자에 대한 뚜렷한 귀속감 등은 트로츠키가 싫어했던 것들이었는데 말이에요. 즉 트로츠키 본래의 사상과 다른 교조주의나 극단적 수령주의 같은 것들이 트로츠키 정통파에게 스며듭니다.

사실 트로츠키주의 정당에 대한 지지가 확산되지 않는 데는 이들의 교조주의가 한몫을 하고 있습니다. 트로츠키주의는 상당히 복잡한 이론 체계를 가지고 있는 마르크스주의를 신학적 차원에서 펼쳐나가기도 했지요. 예를 들면 소련이라는 국가의 성격을 두고서 '타락한 노동자 국가Degenerated Workers' State'인가, '변형된 노동자 국가Deformed Workers' State'인가에 대한 논쟁이 붙는데, 이 논쟁은 자구 해석의 차원에 지나치게 골몰한 것으로 보입니다. 또 다른 예로, 제3세계의 하급 지식인들이 주도한 알제리 혁명이나 쿠바 혁명 등이 만회된 영구 혁명Permanent Revolution인가, 소부르주아적인 민족주의 혁명인가에 대해서도 가열찬 논쟁이 붙었지요. 트로츠키가 싫어했던 옛 볼셰비즘의 권위주의, 신학을 방불케 하는 교리 체계 등을 트로츠키주의의 작은 정파들이 이어받은 겁니다. 굳이 그렇게 보자면 토니 클리프의 '국가자본주의론'도 자본 내지는 노동시장이 없었던 적색 개발주의 사회들의 특징을 완전히 반영하지는 못한, 그럼에도 불구하고 정치적인 이유로 계속 유지되는 '정치 신학'에 가깝긴 하지만요.

트로츠키주의 정파들을 살펴보면, 상당수가 내부에 뚜렷한 수령이 있습니다. 대부분 트로츠키를 맨 위에 놓지만, 그렇지 않은 경우도 종종 있어요. 세계 사회주의자 웹 사이트(wsws.org)의 경우에는 데이비드 노스David North(1950~)를 수령으로 모시고 그의 이론을 철저하게 학습합니다. 제4인터내셔널의 전통을 이어가는 이들은 『후기 자본주의*Late Capitalism*』를 통해 자기 사상을 알린 에르네스트 만델Ernest Mandel(1923~1995)의 이론에 자신들의 신조를 맞추고 있습니다. 하나의 큰 트로츠키 아래에 수많은 작은 수령이 있는 셈인데요. 그래 봤자 노스나 만델은 사회주의에 정통한 사람이 아니라면 잘 모르는 인물이지요. 볼셰비즘의 권위적인 구조가 대중과 동떨어지면 어떤 코미디적 색채를 띨 수 있는지를 보여주는 사례일 겁니다.

결국 트로츠키주의는 소련 몰락 이후 모호한 형태로 호소력을 뿜었지만, 실제로 급진화된 대중들의 욕구를 충분히 충족시키지는 못했습니다. 100여 년 전의 러시아 사민당에 기원을 두고서 대체로 비슷한 형태를 지향하다 보니 교육 및 개인화의 수준과 지향 등에서 다른 동시대의 대중들과 어느 정도의 괴리가 생길 수밖에 없는 겁니다.

부르주아 혁명을 사회주의 혁명으로, 전 세계로의 혁명 확산을 그려낸 영구 혁명론

트로츠키는 후진적인 러시아에서 태어나 혁명을 이끌었지만, 정치 활동을 가장 많이 한 곳은 서구였습니다. 영국, 오스트리아, 프랑스, 독일, 스페인, 스위스, 미국, 노르웨이, 멕시코 등에서 실제로 살아본 사람이지요. 국제적 유목민으로 살면서 그는 각국의 상황이 얼마나 다른지 직접 목격하게 됩니다. 러시아처럼 전체 인구의 85퍼센트가 거의 자급자족적인 농업에 종사하는 나라가 있는 반면, 영국처럼 노동자가 대다수를 점하는 나라도 있지요. 각 나라마다 자본주의의 발전 수준이 고르지 못하며, 특히 후진국의 자본주의 발전 과정은 불균형하고 복합적이라는 사실을 알게 됩니다.

하지만 후진국도 선진국과 마찬가지로 역사적으로 공동의 세계적 과정을 겪게 되지요. 세계대전이 벌어지면 선진국과 후진국 모두 피할 수 없이 여기에 휘말리게 되는 겁니다. 러시아가 독일이나 영국과 함께 전쟁에 뛰어들게 되는 것이지요. 그런데 문제는 후진국이 선진국보다 정부의 행정력과 자본 조달 능력이 약하고, 민족주의적 '국민 통합' 이데올로기로 노동자를 동원할 수 있는 능력도 떨어진다는 데 있습니다. 후진국에서는 대다수 민중이 배고픈 생활을 하면서 별다른 복지 혜택을 받지 못하므로 정부나 국가에 대한 소속감도 약할 수밖에 없고요.

러시아의 경우는 지배층과 피지배층의 차이가 극심했습니다. 민족 구성도 상당 부분 달랐고, 문화적으로도 차이가 컸지요. 일부 지배층은 집에서 프랑스어나 독일어를 구사하면서 러시아어를 쓰지 않았습니다. 지금의 한국 지배층이 영어를 숭배하는 것처럼 말입니다. 지배층은 서구 문화를 수입해 누렸지만, 피지배층인 농민들은 열악하고 원시적인 생활을 하고 있었으며 문맹률이 70퍼센트가 넘었지요. 이럴 경우 지배층과 피지배층 사이의 연결고리가 약해서 지배층이 강력한 민족주의를 만들어내지 못해요.

그런데 러시아는 국가 주도하에 중공업과 군수 산업을 중점적으로 개발했습니다. 농민이 다수를 점해서 인구 1억 4000여 명 중에서 노동자 수가 400만여 명을 넘지 못했지만, 노동자 인구의 절반이 넘는 이들이 기계, 금속 산업 등 대규모 사업장에서 일했지요. 후진국이었지만 노동계급의 집중도는 세계 최고 수준이었던 거예요.

트로츠키는 정치적 불만이 크면서 노동자의 집중도가 높아서 급진적 사상이 퍼지기 쉬운 나라가 생기고, 그런 나라가 공동의 세계적 과정에 던져질 때 약한 고리가 되어 압력을 버티지 못하고 부서질 위험이 크다고 보았습니다. 후진적인 열강에서 혁명이 일어날 가능성이 크다고 본 것이지요. 또한 국가 간의 경쟁과 전쟁

1979년 2월, 이란에서는 팔레비 왕조의 독재가 무너지고 아야톨라 호메이니의 지도하에 이슬람 정치체제가 수립된다. 사진은 이란 혁명 당시 테헤란의 중심가에서 시위를 벌이는 모습.

등이 계속되고 한 나라 안에서도 내부 세력들의 괴리가 지속된다면 혁명의 가능성은 더더욱 높아지겠지요. 당시에 독일의 사민주의자들은 선진국이 되는 것이야말로 사회주의로 가는 지름길이라고 봤습니다. 반면에 트로츠키는 지배와 피지배 관계가 뚜렷하면서도 복잡한 나라, 후진성과 선진성이 교묘하게 얽히고설킨 나라, 가장 약하거나 가장 강한 나라가 아닌 그 중간의 나라에서 혁명이 일어날 가능성이 크다고 판단한 거예요. 이게 바로 트로츠키의 '불균형 복합 발전론'입니다.

20세기 후반에 혁명이 일어났던 나라인 이란을 살펴보면, 선진국이라고 할 순 없지만 어느 정도 공업이 발전되어 있었고 지배계급의 장악력은 비교적 약한 나라였습니다. 도시 하층민과 농민들의 누적된 불만, 미국의 침략을 막을 만큼의 강력한 군사력, 기존 노동자계급의 좌파적 기반 등이 유기적으로 결합되어 혁명으로 이어졌다고 볼 수 있어요. 트로츠키가 주장한 불균형 복합 발전론과 잘 들어맞는 사례지요.

동아시아에서는 중국이나 일본보다 한국에서 민중운동이 활발했는데요. 1980년대 후반까지 한국은 선진성과 후진성이 공존하는 국가 주도형 후발 자본주의 국가로 파탄에 이르기 쉬운 상태였습니다. 이런 구조에서 민중운동 발전의 원동력이 커진 것이라고 볼 수 있겠지요. 하지만 혁명기의 러시아보다는 경제 상황이 좋았고, 제1세계로 넘어갈 수 있는 교육적 바탕도 있었으며, 국내의 세계적인 다국적 기업들이 한국을 주도할 수 있었던 점 등 때문에 혁명이 만회될 수 있었습니다. 이처럼 트로츠키는 세계 자본주의 체제를 구조적으로 파악하고 분석하는 상당히 설득력 있는 틀을 마련했습니다. 1970년대 후반에 이론화되어 지금까지 통용되고 있는 세계 체제론은 트로츠키에게 상당한 빚을 지고 있지요.

그런데 혁명이 일어났을 때 이 혁명의 헤게모니는 어떤 세력이 쥘 수 있을까요? 과연 후진적 열강의 부르주아들이 혁명의 본령을 유지하면서 철저한 자유민주주의라도 추구할 수 있을까요? 이에 대한 답은 현재 한국의 부르주아를 보더라도 알 수 있을 겁니다. 이런 나라들의 부르주아는 핵심부 문화에 대해 철저히 사대적이고 자신과 핵심부 문화를 동일시하며 민중에 대한 장악력도 약하고 민주주의나 자유주의에 대한 지향 역시 별로 없습니다. 혁명이 일어난다 해도 부르주아는 혁명의 헤게모니 세력이 되기 어려우며 민주주의 혁명조차 스스로의 힘으로 이뤄낼 수 없는 겁니다.

한국의 경우, 1987년에 불완전한 민주주의를 쟁취하는 데 가장 큰 동력이 되었던 것은 부르주아 세력이 아니라 급진화된 중간계층의 일부였던 학생들이었습니다. 후에 부르주아들은 이를 이용했을 뿐이고요. 그렇다면 후진적 열강에서 혁명이 일어날 경우 혁명은 누가 이끌어야 할까요? 이에 대해 트로츠키는 무산계급이라고 답합니다. 그렇게 된다면, 자유민주주의를 수립하는 부르주아 혁명의 단계에 머물 수 없게 되겠지요. 무산계급이 부르주아 혁명의 주도권을 확보하고 권력을 획득해 지속적인 사회주의 혁명으로 이끌어야 한다는 게 바로 트로츠키의 영구 혁명론입니다.

그런데 그다음으로 고려해야 할 사안이 있습니다. 한 나라 안에서 사회주의가 실현될 확률은 전혀 없어요. 후진국은 물질적 기반이 허약한 데다가 문화적 수준도 낮고, 혁명을 주도하는 계층은 쉽게 관료화될 수 있으며, 대중들의 민주주의에 대한 욕구도 크지 않습니다. 국가 자체도 이미 보수적인 기제이고요. 1917년 이후의 러시아가 그러했듯이, 이런 상태에서는 진정한 의미의 사회주의를 실현할 수 없겠지요.

그렇다면 혁명의 사회주의적 성격을 보유하려면 어떻게 해야 할까요? 영구 혁명론은 한 나라 안에 갇힌 혁명이 결국 반동화될 수밖에 없으니 이 혁명을 선진국을 포함한 전 세계로 퍼뜨려야 한다고 주장합니다. 후진국 노동자들이 선진국 노동자의 발전된 문화를 모범 삼아 함께 민주적인 사회로 나아가야 한다는 것이 트로츠키의 논리이지요. 트로츠키의 영구 혁명론은 전 세계를 어떻게 사회주의화하느냐를 논하는 상당히 원대한 거대 담론입니다.

1930년대에 파시즘이 대두되는 것을 지켜보면서 트로츠키는 영구 혁명이 일어나지 않는다면 그다음 인류에게 닥쳐올 것은 전체주의의 야만이라고 경고했습니다. 이건 꽤 일리 있는 말이에요. 자본주의는 끊임없이 위기가 몰아치고 열강들 사이의 경쟁이 계속될 수밖에 없는 불안정한 체제니까요. 그런데 영구 혁명을 위해서는 이를 이끌어가야 할 세력인 무산계급과 당에 대한 문제를 고민할 수밖에 없습니다. 당의 관료화와 반동화를 어떻게 막을 수 있으며, 이를 주도할 민주적 노동자들을 어떻게 키워낼 것이냐는 문제이지요. 실제로 노동자들은 공장에서 근대적 규율에 몸을 맡기면서 하달되는 명령에 복종해야 합니다. 민주적인 것과는 거리가 멀지요. 내부적으로 상당한 권력을 확보한, 거의 관료가 되어버린 노조 간부들에게 복종해야 하는 경우도 생기고요.

이러한 노동자들을 지도해야 할 당은 민주주의를 통해 견제되어야 할 텐데, 트로츠키는 노동자의 직접민주주의에 대해 이중적인 태도를 보입니다. 그는 원칙적으로는 노동자들이 생산과정 통제에 참여해야 한다고 보았습니다. 그런데 독일 사민주의자들이 노동자들의 민주성을 기르기 위해 이들이 기업 운영에 참여하면

어떨지 물은 적이 있어요. 이때 트로츠키는 부르주아 국가의 틀 안에서라면 노동자들의 기업 운영 참여가 계급 간의 협력일 뿐이며, 이는 노동자의 전투력도 잃어버리는 결과를 낳을 것이고 부르주아의 견제 때문에 잘 실행될 수도 없다고 답합니다. 즉 그는 노동자들이 기업 운영에 참여하는 것이 민주적인 요구이자 자치 능력을 키울 수 있는 계기가 될 수 있음에도 불구하고 계급투쟁과 무관하다는 이유로 이를 무시했습니다. 생산 민주주의의 잠재력을 간과하고 일상 문화보다 정치를 우선시하면서 민주적 사회주의를 운영할 사람들을 어떻게 키워낼지에 대해 주의를 기울이지 않은 것이지요.

트로츠키는 결국 국가권력 쟁취에 전력함으로써 노동자 국가부터 수립하자고 주장합니다. 그렇게 되면 그 국가에 의한 국유화가 이뤄지면서 모든 문제가 해결되리라고 보았어요. 노동자 국가 내부의 모순이나 그 자체의 물신화 가능성을 상정하지 않은 비非변증법 사고를 드러낸 겁니다.

죽음을 앞두고도 거두지 않은 노동자 국가에 대한 무한한 신뢰

한편 관료화된 소련을 목도한 유럽 사민주의자들은 국가의 위험성을 과소평가한다며 트로츠키를 비판합니다. 이에 트로츠키는 공산주의자들이 무산계급 독재와 관련한 어려움을 부정하지 않지만 그럼에도 불구하고 국가권력을 쟁취할 수밖에 없으며, 일단 국가권력을 확보하면 국가의 위험성에 대한 경고에 귀 기울일 것이라고 반박합니다. 또한 레닌이 유서에서 혁명적 권력의 남용에 대해 경고했던 것을 예로 들면서, 소련 내에서 이를 자각한 이들이 늘 투쟁하고 있고 부르주아 국가의 개량주의자들이 자기 국가의 위험성을 제대로 파악하지 못하는 것이 오히려 재앙이라고 말하지요.

트로츠키는 공산당 내부의 문제를 일찌감치 파악하고 있었습니다. 하지만 혁명 국가와 혁명을 물신화하고 있었기에 이에 대한 부르주아 국가에서의 공개적인 비판이 적을 이롭게 한다는 이분법적 시각에 사로잡혀 있었지요. 1980년대에 한국 운동권들도 내부 비판이 제기되면 그것이 누구를 위한 비판이냐는 말을 많이 했는데, 그 원조가 바로 여기에 있는 겁니다.

트로츠키가 국가를 단순한 도구로 여긴 것은 그의 사상의 치명적인 문제점입니다. 그는 무산계급이 국가권력을 탈취한다면 국가가 무산계급의 도구가 될 것이라고 봤어요. 국가를 마치 총이나 칼 같은 물질적 도구로 간주하면서, 이를 취해 좋은 일에 이용하면 된다고 본 겁니다. 하지만 국가는 중립적인 도구가 아니지요. 한번 총칼을 쥔 사람은 총칼의 논리에 구속당하게 된다는 점을 간과한 거예요. 트로츠키는 국가가 사회주의적일 수 있다는 국가 만

능주의적 사고를 떨쳐내지 못합니다. 노동자 국가는 늘 혁명적일 것이고, 노동자가 국가를 통제하면 된다고 본 겁니다.

아나키스트나 무정부 조합주의자(생디칼리스트)들은 이를 경고했지만, 트로츠키는 그들의 말을 들으려 하지 않았어요. 저명한 아나키스트 엠마 골드만Emma Goldman(1869~1940)은 트로츠키가 크론시타트 수병 반란을 진압했을 때 그를 문책합니다. 트로츠키가 수병들을 학살한 장본인이며 그의 손에 피가 묻었기에 진정한 혁명가로 보지 않겠다고 하지요. 하지만 트로츠키는 아나키스트들이 늘 하는 말이라며 그 비판을 일축해버립니다. 고전적 마르크스주의자들의 가장 큰 문제는 신앙적일 만큼 운동의 열정에 사로잡혀서 외부로부터의 비판을 수용하지 않는다는 데 있어요. 지배계급이나 지배계급에 놀아나는 기회주의자들의 이야기는 들을 필요가 없다고 말하지요. 외부와 소통하는 능력도 부족하고요. 트로츠키 역시 이를 극복하지 못한 겁니다.

트로츠키가 소련이라는 국가의 성격을 어떻게 파악했는지를 살펴보면, 그 역시 상당히 문제적입니다. 그는 본인이 수립한 국가를 끝내 부정하지 못했어요. 소련에는 개인적인 자본가가 없고, 국가권력을 잡은 관료들이 기생적인 생활을 향유하긴 했지만 그럼에도 그들이 국유화된 산업을 관리하는 순기능을 하고 있다고 봤어요. 관료들을 노동자에 대한 적대계급이나 통치계급이 아니라 노동자의 충분한 민주적 통제를 받지 못한 이들이라고 본 겁니다. 이들을 과거의 부르주아와 동질적 측면을 가진 존재로 파악하지 않았고, 아직 완성된 노동자 국가는 아닐지라도 '타락한 노동자 국가'라면서 소련을 옹호하지요.

그런데 트로츠키는 왜 소련의 노동자들이 관료화된 국가를 상대로 투쟁하지 않는지에 대해서는 의문을 품습니다. 1927년까지만 해도 트로츠키주의자들은 이와 관련해 열심히 투쟁했어요. 이후 트로츠키는 소련에서 쫓겨났고 추종자들은 모두 투옥되거나 유배를 갔고 나중에는 총살을 당했지만요. 1930년대에 이르면 관료화된 국가에 대해 이렇다 할 투쟁이 벌어지지 않습니다. 트로츠키는 노동자들이 부르주아 국가의 부활이 두려워서 이를 악 물고 타락한 관료들의 횡포를 참고 있다고 말하지요. 노동자들이 사회주의 국가인 소련을 지지한다고 본 겁니다.

이는 북한 민중이 북한 정권을 지지하고 있다고 보는 한국 좌파 민족주의자들의 시각과 상당히 유사합니다. 스탈린 정부의 초고속 성장 드라이브는 많은 노동자 출신들에게 출세의 기회를 주고 가시적인 교육·문화 향상 효과를 냈기에 실제로 상당한 민중적 지지를 받았습니다. 단 이는 '노동자 국가'의 문제라기보다는 혁명을 거친 사회에서 민중에게 혜택을 주는 개발 그 자체의 문제였지요. 좌우간 '노동자 국가' 소련의 이상화는 결국 트로츠키로 하여금 정치적 오판을 하게 합니다.

예를 들면 1940년에 소련은 핀란드를 침략합니다. 옛 식민지에 대한 폭력적인 영토 쟁탈 기도였습니다. 옛 식민지 땅의 일부를 도로 내어달라는 듯이 레닌그라드 방어를 위해 필요한 그 근방의 핀란드 영토, 즉 핀란드 영토 전체의 10분의 1 정도를 달라고 요구합니다. 이 요구가 관철되지 않자 전쟁을 벌인 거고요. 제국주의적 폭력의 대표적인 사례인데요. 핀란드에서는 공산당을 제외한 모든 세력이 반소련 독립 전쟁에 자발적으로 동참합니다. 특히 사민주의자들이 열렬히 참여했지요. 핀란드의 노동계급은 스탈린이 자기 나라에 폭력을 휘두른다고 봤어요. 핀란드는 지리적으로 소련 옆에 있었는지라 독일이나 영국보다 소련의 상황을 훨씬 잘 알고 있었음에도 불구하고, 소련은 핀란드 노동계급의 지지를 받지 못한 겁니다.

트로츠키는 암살당하기 수개월 전, 놀랍게도 핀란드에 대한 스탈린의 침략을 지지한다고 밝힙니다. 비록 타락하긴 했지만 사회주의 국가인 이상 부르주아 국가인 핀란드보다 소련이 진일보한 국가라고 본 거예요. 스탈린의 침략이 핀란드의 무산계급 급진화에 기여할 수도 있다고 봤고요. 이후의 트로츠키 추종자들과 마찬가지로, 트로츠키는 자신의 도그마를 깨지 못하는 한계를 노정합니다.

소련의 노동자들이 관료화된 국가에 반기를 들지 않고 충성한 것은 일차적으로 이들에게 사회적 진출의 기회가 커졌기 때문입니다. 급속한 경제성장 과정에서 노동자들의 고속 출셋길이 열린 겁니다. 이는 개발독재가 민중을 포섭하는 방식으로, 한국의 박정희 역시 이 방식을 썼지요. 그런데 혁명을 거친 소련 사회는 성장 드라이브를 걸면서 개인적 출세 이상의 보상을 사회 전체에 해줄 수 있었습니다. 스탈린 체제에서는 산업 경제가 커지면서 기초적인 복지 혜택이 증대되었고 교육도 보장되었어요. 의료나 고등교육 등이 일찌감치 무상화된 부분 등은 소련식 '적색 개발주의'와 박정희식 '백색 개발주의'의 큰 차이일 겁니다.

제2차 세계대전 때 러시아에서는 독일과 전쟁을 치르면서 외부적인 위협에 대한 대응으로써 소련 인민 결속 이데올로기가 발흥하기도 했어요. 이는 혈통주의적·복고주의적 내셔널리즘을 특징으로 하는 1970년대 박정희 이데올로기와 '국민/인민 통합' 차원에서는 닮은 점이 있습니다. 하지만 그보다는 훨씬 개방적이었고 혈통 등과도 무관했어요. 스탈린은 인민을 순치된 국가의 통치 대상으로 만들어버린 겁니다. 하지만 트로츠키는 국가에 의한 대중의 포섭을 간과한 채 사회주의 국가에 대한 자발적 지지를 표명하지요.

그는 자신이 혐오하는 대상, 즉 자본주의 국가에 대한 분석은 아주 날카로웠습니다. 하지만 자신이 옹호하고 지지하는 사회주의 국가에 대한 분석은 다소 편향적이었어요. 사실 모든 인간에게 이런 측면이 있을 겁니다. 트로츠키의 사상이 자본주의 체제의 발전 논리를 정확히 파악하고 혁명의 국제성을 강조한 것은 분명 높

멕시코시티의 팔라시오 데 발라스 아르테스에 있는 디에고 리베라의 벽화 일부. 마르크스, 엥겔스와 함께 트로츠키가 그려져 있다.

이 살 만합니다. 하지만 국가나 당 등 유사 국가적 조직에 내재된 위험성에 상당히 무감각했고, 이를 과소평가한 채 국가 지상주의적 사고를 끝내 극복하지 못했어요. 대중의 민주적 자율성 문제를 간파하지 못한 것 역시 아쉬운 지점이고요.

사실 여부는 확인하기 어렵지만, 트로츠키의 유족들과 경호원의 회고록에 나오는 이야기를 마지막으로 소개하겠습니다. 암살 당시 트로츠키는 머리를 다쳤는데, 수술 받은 지 몇 시간이 지나지 않아 사망했습니다. 그는 수술 직전에 이런 말을 남겼다고 해요. "궁극적인 차원에서 당은 늘 올바르다." 당이 자신을 죽이고 말았지만, 그럼에도 당은 늘 올바르다고 말한 것이지요. 헤겔에게 국가란 신의 의지를 실천하는 단위였는데, 트로츠키는 일종의 마르크스주의적 헤겔주의자라고도 할 수 있습니다. 거의 신앙의 차원이라고 볼 수도 있겠지요. 이렇게 혁명가 트로츠키에게는 전근대적 신앙성과 근대적 국가주의가 결합되어 있었습니다. 참으로 아이러니한 일입니다.

3강

폭력적인 고속 성장의 꿈을 좇은 스탈린 체제

▼ ▼ ▼

레닌이나 트로츠키는 인물 자체로도 흥미롭고 러시아 혁명과 관련해 자신의 독자적인 사상을 선보인 이들입니다. 하지만 이오시프 스탈린Iosif Stalin(1879~1953)은 그렇지 않아요. 개인 신상에 대해서는 이야기할 게 거의 없을 정도로 재미없는 사람입니다.

사상의 측면에서도, 스탈린이 설파한 일국 사회주의는 사회주의라는 상표를 떼고 보면 결국 국가가 시장을 대체한 압축성장론이라고 할 수 있습니다. 1931년에 스탈린은 제1차 경제개발 5개년 계획에 대해 다음과 같은 유명한 발언을 합니다. "우리는 선진국에 비해 60~100년 뒤떨어져 있다. 우리가 10~15년 사이에 선진국 수준을 따라잡지 않으면 저들이 우리를 소멸시킬 것이다." 소련의 고속 성장은 심성적으로 사회진화론적인 적자생존과 약육강식의 토대 위에 세워진 겁니다.

국가 주도형 고속 성장론은 스탈린이 가장 먼저 제기한 이론이 아닙니다. 오토 폰 비스마르크Otto Von Bismarck(1815~1898), 이토 히로부미伊藤博文(1841~1909), 야마가타 아리토모山縣有朋(1838~1922)도 유사한 주장을 폈어요. 독일의 유명한 국가주의 경제학자 프리드리히 리스트Friedrich List(1789~1846)도 일국 내에서의 국가 주도형 경제를 언급한 적이 있지요.

러시아에서 이 계보를 거슬러 올라가보면 1900년대에 재무부장관을 지낸 세르게이 비테Sergei Vitte(1849~1915)가 있을 겁니다. 그는 저곡가 정책, 곡물 수출 장려, 외국자본을 이용한 고속 산업화 정책을 추진한 인물이지요. 스탈린은 농민으로부터 걷은 돈을 통한 내자 주도형 성장론을, 비테는 외국자본을 이용한 외자 주도형 성장론을 추진한 차이가 있습니다. 또 무엇보다 중요하면서도 가장 큰 차이는 스탈린 시절에 국가가 시장 기능의 상당 부분을 대체한 것이지요.

이외에 스탈린의 정치적 특이점으로는 민족 문제에 대한 그의 입장을 들 수 있습니다. 그는 민족의 자치와 자결권을 보장해야 한다고 주장하지만, 러시아 국익을 해칠 것이라고 우려되는 민족에 대해서는 강제 이주를 감행합니다. 즉 민족 문제 역시 '국익' 내지는 '성장'의 관점에서 바라보았고, 이론과 실천이 달랐기에 체계적으로 이야기하기도 어렵지요.

스탈린의 평전과 전기에 의하면, 그는 전형적인 일벌레였습니다. 새벽 4시쯤 잠들었고, 수면 시간도 적었어요. 일어나자마자 바로 집무실로 가서 일을 시작했지요. 보수주의자들이 박정희나

1919년 스탈린과 레닌의 모습. 레닌의 발탁으로 당 중앙위원회에 들어간 스탈린은 이후 레닌을 위협하는 세력으로 성장해 소련에 독재의 그늘을 드리운다.

이명박을 CEO형 대통령이라고 칭하는데, 스탈린도 마찬가지였습니다. 주요 공장의 건설 현장 소식을 보고받고서 현장마다 지휘를 하러 가기도 했지요. 스탈린 휘하의 장관들은 스탈린이 침실로 가지 않는 한 새벽까지 일을 해야 했습니다. 목표를 달성하지 못하거나 전쟁에서 중대한 책임을 져야 할 경우에는 장관들이 스탈린 집무실에서 무릎을 꿇고 사죄하는 일도 벌어졌어요. 상사 눈치를 보며 퇴근해야 하고, 일의 책임을 추궁당하는 요즘 회사원들의 모습이 떠오르시지요? 이처럼 스탈린은 공업 시대 초기의 억척스러운 일벌레형 권력자였습니다.

마르크스주의의 교조화, 그 폐해에 대하여

이번에는 러시아 혁명 이후 스탈린 시대의 소련이 어떠했는지를 살펴보려고 합니다. 이미 사라진 나라에 대한 이야기이긴 하지만, 소련에 대한 호불호를 떠나 상대화시켜서 당시 소련의 민중과 국가의 관계를 살펴볼 거예요.

한국에서 서강대 임지현 선생을 중심으로 '대중독재'라는 개념이 제기된 적이 있습니다. 그분은 박정희 시대에 위로부터의 폭력으로 산업화를 추진한 것뿐만 아니라 상당 부분 아래로부터의 지지를 받았다는 점을 강조하는데요. 완전히 동의하기는 어렵지만, 분명 그런 요소가 있었습니다. 1950년대 말부터 1970년대 말까지의 김일성 집권기를 북한의 전성기로 보는데, 이때의 북한은 상당 부분 소련의 스탈린 모델을 따랐습니다. 당시의 생활수준은 북한이 남한을 앞서고 있었어요. 북한, 남한, 그리고 소련을 대중독재라는 개념을 원용해 살펴본다면, 일련의 공통점과 차이점도 드러나리라고 봅니다.

레닌은 마르크스주의자의 기본 의무는 모든 가면을 벗겨 던지는 것이라는 명언을 남겼습니다. 사회에 대한 분석은 언제나 지배층의 이해관계를 반영하기 때문에 왜곡된 측면이 있으므로, 마르크스주의자는 실질적인 사회의 지배/피지배 관계를 정확히 과학적으로 분석할 의무가 있다는 것이지요. 그런데 조선의 마르크스주의자들은 레닌의 명언을 본인들이 애호했던 소련에 거의 적용하지 않았습니다. 조선의 현실, 나아가서 자본주의 세계 체제의 현실에 대해서는 모든 가면을 벗겨 던지는 식으로 해부하고 비판했지만, 소련에 대한 비판은 놀라울 만큼 금기시되었던 겁니다.

1930년대 초반에는 《제일선》이나 《비판》 같은 마르크스주의 잡지들이 조선에서 간행되었고, 여기에는 소련에 대한 이야기도 많이 실려 있었습니다. 《조선일보》와 《동아일보》는 1925년부터 모스크바에 특파원을 파견하기도 했지요. 특파원들은 공산주의자는 아니었지만 사회주의에 관심이 많은 기자들이었습니다. 이들 신문에 등장하는 소련 관련 기사는 소련의 공식 발표를 전하는 것이 대부분이었지만, 여기에서는 소련의 민중 교육 상황이나 소수민족 우대 정책, 성평등 정책, 그리고 근대적인 산업화에 대한 동경이 묻어났어요. 특히 소련의 산업화에 대해서는 조선의 부르주아 미디어도 비판적으로 보지 않았지요.

조선의 마르크스주의자들은 소련에 대해 찬양 일색이거나, 모순이 있더라도 과도기적인 것이라고 생각했습니다. 소련에서 과거의 리더가 몰락하고 새로운 리더가 부상해도 아무런 이의를 제기하지 않았어요. 1920년대 초반까지만 해도 조선의 마르크스주의자들은 트로츠키를 레닌만 한 지도자라고 봤습니다. 하지만 1930년대 초반에 마르크스주의자를 포함한 많은 이들을 대상으로 트로츠키에 대한 여론조사를 하면 모험주의자, 독단적인 천재라는 평이 대부분이었지요. 트로츠키를 소련에서 반대파 활동을 하다가 쫓겨난 배신자로 여겼던 겁니다. 마르크스주의자들이 마르크스주의를 표방하는 나라에 대해 마르크스주의적 틀을 거의 적용하지 않았다는 점은 상당히 놀랍습니다. 원칙적으로 마르크스주의자는 본인의 정당을 비롯해서 모든 것에 비판적이어야 하는데, 조선의 마르크스주의자뿐만 아니라 서방의 마르크스주의자들 또한 많은 경우에 소련에 대해 함구해온 이력이 있지요.

조선에서는 1920~30년대에 잠시 마르크스주의가 부상하지만 태평양전쟁과 해방을 거치면서 탄압을 받고서 결국 남북 분단으로 귀결됩니다. 그러다가 1980년대에 남한에서 자생적인 마르크스주의가 다시 부상하지요. 하지만 이 시기 운동권 담론에서도 소련에 대한 비판적인 문제 제기는 거의 없다시피 했습니다. 사노맹 같은 남한 내부의 급진적인 마르크스주의 조직도 소련의 몰락 직전까지는 소련을 엄격한 사회주의 국가로 정의하는 데 주저하지 않았어요. 북한에 대해서는 소부르주아적 민족주의를 추구한다며 신랄하게 비판했지만요. 이후 소련의 갑작스러운 몰락은 남한의 운동권 상당수를 전향으로 이끄는 계기가 됩니다. 마르크스주의를 자칭한 과거의 교과서들에 대한 무비판적 믿음이 얼마나 허구적인지를 깨달은 것이지요. 소련에 대한 신앙적 믿음은 도리어 한국 사회운동을 저해시킨 요소 중 하나가 아닌가 싶습니다.

이와 관련해 기억나는 에피소드가 있습니다. 1990년대 초반부터 제가 다니던 레닌그라드 국립대학에 한국인들이 유학을 오기 시작했는데요. 그 시절 운동권 출신의 한국 유학생에게 들은 이야기입니다. 1991년 8월 18~20일에 보수적인 당 간부들이 고르바초프를 밀어내고 쿠데타를 일으켰다가 삼일천하로 끝난 일이 있습니다. 이후에 쿠데타 세력은 옐친이 이끄는 친서구적 간부들에게 밀려났고, 소련은 고르바초프보다 더더욱 자본주의를 지향하는 이들에 의해 유지되지요. 그런데 한국에서 소련의 쿠데타 관련 소식을 들은 이 유학생은 자기 선배들과 함께 "소련 공산주의자들의 구국 노력 성공을 위하여!"라고 외치며 축배를 들었다고 해요.

저는 당시에 소련에 있었는데, 징집을 당하기보다는 쿠데타 세력과 싸우다가 죽거나 도망가야겠다는 생각을 하고 있었습니다. 학생들은 징집을 보류할 수 있었는데, 쿠데타를 이끈 군의 보수적 지도부가 쿠데타 직전에 학생들의 징집을 예고했거든요. 학생들이 서구 자본주의에 물들어 있으니 군에서 다시 교육을 시켜야 한다는 것이었지요. 한국 운동권들도 1980년대에 강제 징집의 경험이 있을 텐데, 왜 그런 징집을 하겠다는 쿠데타 세력을 옹호하고 지지하는지 저로서는 이해가 가질 않았습니다.

1980년대에 민중민주PD 진영에서 활동했던 옛 운동권 분들은 저를 만나면 아직도 이런 질문을 많이들 던집니다. "소련의 사회주의는 왜 몰락했을까요?" 이야기를 나누다 보면 이분들은 소련에 문제가 있는 것은 인정하지만, 소련이 사회주의 국가라는 것을 지금까지 기정사실로 믿고 있는 게 아닌가 하는 생각이 들곤 했습니다. 이 믿음에 대해 근본적인 문제 제기가 여전히 덜 된 게 아닌가 싶은 마음도 들었어요. 그런 측면에서 혁명 이후 소련의 실제를 정확히 알 필요가 있겠다는 생각입니다.

이와 유사한 맥락에서 상당히 재미있는 이야기를 들은 적이 있는데요. 덴마크 공산당이 오랜 연구 끝에 북한이 사회주의 국가가 아니라는 결론을 내린 것이지요. 그 이야기를 들었을 때 제 머릿속에서는 그걸 이제야 알았나 하는 생각이 들었습니다. 사회주의 국가를 만들려면 사회 구성원의 필수적인 욕구부터 충족시킬 수 있어야 하는데, 북한은 애초부터 그럴 만한 자원과 생산력이 없었어요. 게다가 극심한 군비 경쟁에 떠밀려서 국민총생산의 20퍼센트 이상을 군사비로 지출하고 있었는데, 그 상황에서 어떻게 사회주의가 실현되겠어요?

하지만 그렇다고 해서 북한을 배척하고 북한과의 관계를 끊는 것도 올바르진 않은 일이지요. 북한이 실제로 사회주의 체제를 구현하진 못했지만 이를 지향하긴 했거든요. 1950년대부터 1970년대까지의 상황을 보면 아쉬운 지점이 많긴 하지만 친민중적인 측면도 꽤 있었고요. 1950년대 중반부터 북한에서는 무상교육과 무상의료가 시행되었지요. 대안적인 개발주의 방식의 실험도 꽤 해

봤습니다. 이외에도 북한은 세계사적으로 볼 때 각국의 민족 해방 운동을 지원하는 역할을 꽤 충실히 해왔지요.

제가 덴마크 공산주의자였다면 북한을 계속 코너로 몰아가기보다는 이들과 친하게 지내고 이들을 지원하면서 이후의 향방을 지켜봤을 거예요. 또한 덴마크 공산당에는 이런 질문을 던져볼 수 있겠지요. "그렇다면 여러분은 지금 사회주의 혁명을 위해 분투하고 계십니까? 덴마크의 재분배 체계를 좀더 좋게 만들려는 여러분의 시도는 현재의 체제를 기성사실로 인정하는 국민 정당이 할 수 있는 수준 아닌가요?" 이런 질문은 소련을 사회주의 국가로 믿었던 한국의 지식인과 운동가들에게도 해볼 수 있는 것이겠지요.

농민들의 불만과 노동자들의 결집이 뜨거운 혁명을 이끌어내다

이제 본론으로 돌아와서 스탈린 체제하의 소련에 대해 이야기해 봅시다. 스탈린 체제는 대단히 억압적이었을 뿐만 아니라 민중의 대량 희생을 바탕으로 이루어졌습니다. 이 희생의 한가운데는 바로 농민들이 있었지요. 1929년 농업 협동화 정책이 실시된 이래로 농산물 생산량이 급격히 줄어드는데, 흉년이 든 1934년에는 대량 아사 사태까지 벌어집니다. 우크라이나의 피해가 가장 심했는데, 그래서 우크라이나 민족주의자들은 이를 우크라이나 민족 말살 정책의 일부로 보기도 합니다.

이때 얼마나 많은 사람이 죽었는지에 대해서는 아직까지 역사학자들이 논쟁을 벌이고 있는데요. 어떤 사학자는 800~1000만여 명에 달하는 농민이 희생되었다고도 주장했습니다. 소련의 원로 사학자 빅토르 젬스코프Viktor Zemskov(1946~2015)는 페레스트로이카가 시작되자마자 최초로 공개된 구소련의 문서를 바탕으로 계량사학적 접근을 시도합니다. 인구 통계를 기본 자료로 삼고 인구 감소율, 사망증명서 발급 수 등을 종합적으로 분석한 결과, 3년 동안 소련에서 최소 450만여 명 정도가 굶어 죽었다고 보았어요. 한꺼번에 이 많은 사람이 죽는다고 상상해보세요. 이는 1990년대 중반에 벌어진 북한의 아사 사태보다도 규모가 큰 겁니다. 별다른 저항도 없이 그 많은 사람이 죽은 거예요.

언론이 대량 아사 사태를 공식적으로 다루진 않았지만, 소련 민중들은 이런 일이 벌어지고 있다는 걸 모두 알고 있었습니다. 그렇다면 이렇게 처참한 사태가 벌어졌음에도 왜 소련에서는 또다시 혁명이 일어나지 않았던 걸까요? 1905년과 1917년, 두 번이나 혁명을 일으킨 민중들이 제정러시아 때도 겪지 않았던 시련을 당하면서도 왜 가만히 있었을까요?

이 질문에 답하기 위해서는 제정러시아 시대와 스탈린 시대의 지배/피지배 형태가 어떻게 달랐는지를 설명해야 합니다. 즉 스탈린 체제가 무엇으로 민중들에게 어필했는지 살펴야 한다는 말입니다. 민중들은 공포를 느꼈지만, 그런 공포는 제정러시아 시대에도 있었어요. 억압이 있는 곳에는 늘 공포가 함께하는 법이니까요. 제정러시아 시대와 비교해보면 스탈린 시대의 민중에 대한 억압은 형태가 달라지지 않은 채 비대해졌습니다. 그럼에도 민중들은 소련의 통치를 제정러시아의 통치보다는 훨씬 달갑게 받아들인 것이지요.

조선의 지식인 중에서도 제정러시아를 오가며 이 나라를 관찰한 이가 있습니다. 바로 윤치호尹致昊(1865~1945)이지요. 구한말에 친미파(정동파)의 중심에 있던 그는, 1896년 아관파천 후 조선 사절단으로 러시아의 황제 니콜라이 2세의 대관식에 참가합니다. 사절단 단장은 민영환閔泳煥(1861~1905)이었고, 윤치호는 영어 통역관으로, 이외에 러시아어에 밝은 연해주 출신의 청년 지식인 김도일과 중국어 역관 출신 김득련이 함께했지요. 윤치호는 외국어 실력이 출중해서, 불어를 많이 배우지 못했음에도 민영환과 니콜라이 2세 사이에서 불어 통역을 하기도 합니다. 니콜라이 2세에게 통역 실력을 칭찬받기도 해요.

조선 사절단 중에서 러시아를 가장 잘 읽어낸 인물이 바로 윤치호였습니다. 그는 톨스토이의 『전쟁과 평화』 영문판을 심심풀이로 읽었다고 하는데, 아마도 톨스토이를 읽은 최초의 조선인이었을 겁니다. 또한 러시아 지식인들에게 좋은 인상을 심어주기도 했

1896년 러시아 황제인 니콜라이 2세의 대관식에 참석한 조선 사절단의 모습. 앞줄 왼쪽에서 두 번째가 윤치호, 가운데가 민영환이다.

습니다. 제 모교인 레닌그라드 국립대학의 동양학부로부터 조선어 교수 제안을 받기도 했고요.

윤치호는 러시아에서 많은 이들을 접하고 다양한 경험을 한 후 돌아왔습니다. 이때 살펴본 러시아의 정치와 사회, 민간의 윤리와 도덕, 공업 시설 등에 대해 자신의 일기 등에 자세하고 촘촘하게 기록을 남겨두었어요. 그의 관찰력은 비상했습니다.

예를 들면 유럽 대륙 횡단열차를 타고 가면서 차창 밖으로 본 독일령 폴란드와 러시아령 폴란드 사이의 차이를 눈치챌 정도였지요. 독일령 폴란드는 부유하거나 보통 수준을 유지하고 있지만,

러시아로 갈수록 농경지가 줄어들고 사람들은 가난해 보이며 민간인의 차림새가 허름하다고 기록해두었습니다. 유럽과 러시아의 차이를 단박에 눈치챈 것이지요. 페테르부르크에서 민영환과 윤치호는 사찰을 하러 다녔는데, 이때 윤치호는 공업 시설에 있는 좋은 기계가 모두 외제인 것을 보고 러시아의 기계 제조 능력이 떨어진다는 것을 지적하기도 합니다. 또한 페테르부르크 거리에 가득한 평민 출신의 성매매 여성들을 보고서 이를 민중들의 가난의 징후로 보기도 했습니다. 독일어와 프랑스어, 영어를 사용하는 상류층과 가난으로 점철된 하류층의 격차가 어마어마하다는 것 역시 알아챘지요.

구한말 조선의 지식인들은 러시아가 서구의 열강이지만 다른 서구 국가들과 다르다는 것을 인지하고 있었습니다. 이들이 러일전쟁에서 러시아가 패배한 원인을 찾는 과정을 보면 이 사실을 알 수 있어요. 조선의 지식인들은 러시아의 패배 원인을 두 가지로 보았습니다. 하나는 일본 국민의 지극한 애국심으로, 조선의 지식인 중 상당수는 조선이 이를 본받아야 한다고 생각했어요. 나머지 하나는 러시아의 허약함으로, 러시아의 공업화 수준이 낮으며 대다수 농민들이 문맹이고 국회도 없이 전제 정부가 폭정을 휘두르기에 전쟁에서 패배했다고 보았습니다.

사실 일본의 애국심에 대해서는 과대평가된 측면이 있습니다. 일본의 승리는 일본 정부의 국민 통합 능력과도 관련이 있지만,

다른 요소들도 영향을 미쳤습니다. 일본은 미국과 영국에서, 러시아는 프랑스에서 군비를 빌려 전쟁을 치렀어요. 러일전쟁은 일종의 대리전이었던 셈인데, 일본의 뒷배가 되어주었던 국가들의 힘이 더 셌던 겁니다.

실제로 러시아 내부의 문제는 윤치호의 생각보다 훨씬 심각했습니다. 1917년 이전의 러시아는 국가의 폭력 기구가 비대화되어 있었고, 위로부터의 지휘로 자본주의가 발전하기 시작한 매우 전통적인 사회였습니다. 유럽 전체를 대상으로 러시아가 선진이냐, 후진이냐를 가늠하는 것은 쉽지 않을 거예요. 동유럽이나 남유럽에는 가난한 지역들이 많았으니까요. 하지만 러시아는 열강 중에서 농업 부문의 비중이 가장 컸고, 농민들이 가장 가난했으며, 토지의 불균형 분배가 매우 심각했습니다.

제정러시아는 약 80퍼센트에 달하는 수출품이 농산물이었는데, 그중 상당수가 곡물이었어요. 현재 러시아연방의 수출품 중 상당수가 석유나 가스인 걸 보면, 그때나 지금이나 러시아는 공산품 수출을 하지 못했지요. 당시 러시아의 인구 중 85퍼센트가 농민이었는데, 3만여 가구의 대지주가 1000만여 가구의 농민이 소유한 면적만큼의 토지를 보유하고 있을 정도로 토지 분배가 불균형했습니다. 또한 1927년까지만 해도 러시아 전체 경작 면적의 80퍼센트가량을 사람과 가축의 힘으로 경작했어요. 당시 미국에 비해 4분의 1밖에 되지 않을 정도로 생산성이 낮았지요.

제정러시아 시대를 배경으로 한 문학 작품을 읽어보면 그 시절 농민들의 상황을 알 수 있습니다. 가난한 농민들은 70퍼센트 이상이 문맹이었고, 흉년마다 아사 사태를 겪었습니다. 1896~97년에는 아사자가 30만 명이 넘었지요. 한쪽에서는 농민들이 굶어 죽었지만, 다른 한쪽에서는 계속 농산물을 수출했습니다. 지주들이 수확한 곡물을 농민들에게 나눠줄 생각이 없었던 거예요. 잔인한 후진 자본주의가 러시아에서 펼쳐지고 있었던 겁니다.

이런 상황이었기에 농민들은 자신이 국가로부터 버림받았다고 여겼습니다. 제정러시아 정권은 러시아정교 신앙과 러시아 민족을 동일시하는 이데올로기를 유포했지만, 이는 농민들에게 도무지 인기를 얻지 못했어요. 농민들은 대지주가 지배하는 국가에 대한 원망이 가득했고, 체제를 이데올로기적으로 뒷받침하는 교회에 대해서도 적대적이었습니다. 혁명이 일어난 뒤 이들은 지주의 토지를 빼앗고 교회에 불을 지릅니다, 농촌 지역의 교회를 파괴한 이들 중 상당수가 농민이었습니다.

제1차 세계대전 때 대다수 농민들은 전쟁터에 끌려가 무기를 손에 쥐게 됩니다. 그러고서 3년도 채 지나지 않아 이들은 독일 병사보다 자기 장교에게 무기를 겨누는 게 훨씬 낫다고 여기게 됩니다. 1917년 2월 혁명을 목격한 이들의 회고담을 보면, 군대에서 졸병들이 볼셰비키의 연설을 듣기도 전에 자신을 지휘했던 장교를 어떻게 하면 잔혹하게 죽일 수 있을지를 모의했다고 해요.

혁명을 거치면서 사살이나 폭행 치사를 당한 장교도 수백 명에 달했습니다. 장교들은 폭행을 피했다 해도 모욕을 당하는 게 일상이 되었고요. 당시의 농민들에게 국가나 체제, 승리 같은 말은 공허한 이야기일 뿐이었습니다.

러시아에서 농민들은 언제든 불만 지피면 터질 수 있는 화약고였습니다. 여기에 불을 지핀 세력이 도시 노동자와 주변부 지식인이었습니다. 러시아는 서방 국가들과 달리 자본주의의 후발 주자로 국가의 지휘 아래 지은 공장이 많았고, 특히 국방부의 주문을 받아 무기를 생산하는 공장들의 규모는 매우 거대했습니다. 예를 들면 페테르부르크의 푸틸로프 공장은 노동자 수만 3만여 명이었고, 금속 부문에서 세계 최대 규모를 자랑했지요. 당시에 수요가 많았던 상품인 대포를 생산했기에 국가의 지원을 받을 수 있었고요. 국가가 주도하는 후발형 자본주의에서는 농촌 부문이 후진적이지만, 도시의 공장은 선진적이고 많은 노동자들이 함께 모여 있으니 사회주의를 전파하기에 적절한 환경이 만들어집니다. 이런 이유로 푸틸로프 공장은 볼셰비키의 가장 큰 지지 기반이 되어주었지요.

10월 혁명은 전국 혁명이라기보다는 페테르부르크 혁명이었고, 페테르부르크에서도 푸틸로프 공장 같은 대규모 공장에서 불거진 혁명이었습니다. 볼셰비키가 노동자 적색 민병대the Red Guards의 주도권을 잡고 있었고, 이 민병대가 혁명의 주동 세력이 되면

1920년 7월, 페테르부르크 소비에트의 선거를 위해 푸틸로프 공장에 모인 노동자들. 공장 안이 노동자들로 빽빽이 들어차 있다.

서 대규모 공장까지 좌지우지하는 방식으로 혁명이 이루어진 것이지요.

러시아는 농민에 비해 노동자 수가 적었지만, 1914년을 기준으로 보면 대규모 공장의 노동자 수가 전체 노동자의 54퍼센트에 달했습니다. 이중 상당수가 사회주의 사상이 인기를 얻고 있는 큰 사업장에 있었던 겁니다. 그러다 보니 1917년 이전에만 해도 3~4만여 명이었던 볼셰비키 당원이 1917년 10월에는 25만여 명에 달하게 됩니다. 대규모 군수공장 노동자들이 입당하면서 당원이 급격히 늘어난 것이지요. 또한 당시에 군수공장 노동자들은 징집을 면제받을 수 있었으니 혁명을 위한 최적의 환경이 구축된 겁니다.

러시아 혁명은 언제든 터질 수 있었던 농민들의 누적된 불만, 그리고 볼셰비키 및 사회혁명당 좌파 등의 주도로 구축된 대규모 공장 노동자들의 결집이 유기적으로 결합되어 터진 것이었습니다. 농업 부문의 후진성과 도시 부문의 선진성이 결합된, 트로츠키의 불균형 복합 발전론에 들어맞는 흥미로운 사례지요. 혁명과 내전을 거치면서 러시아는 왕족과 귀족이 다스리는 국가에서 중산층 출신의 공산당 고급 간부와 고숙련 노동자 출신의 하급 간부가 다스리는 국가로 바뀝니다. 귀족적 입헌군주국에서 혁명형 발전주의적 독재국가로 변모한 겁니다.

러시아에서 혁명이 일어난 것을 오직 볼셰비키 때문이라고 볼 수는 없어요. 이들이 없었더라도 혁명은 일어났을 겁니다. 제정러시아 정권을 타도한 2월 혁명 때 볼셰비키는 거의 특별한 역할을 하지 않았습니다. 레닌과 트로츠키는 외국에 있었고, 혁명은 자연발생적 반란으로부터 시작되었어요. 오히려 사회혁명당 같은 혁명 정당들이 대중들을 움직였지요. 제정러시아 정권은 민중의 분노에 밀려 스스로 무너졌다고도 볼 수 있습니다.

10월 혁명은 시작부터 무혈에 가까운 혁명이었습니다. 그만큼 임시정부의 편에 서서 러시아의 부르주아를 지지하거나 옹호하는 세력이 없었어요. 1917년 11월 7일, 레닌 휘하의 노동자 적색 민병대와 급진화된 병사들이 임시정부가 있던 겨울 궁전을 공격했습니다. 하지만 궁을 지키는 사람도 거의 없었고, 이렇다 할 만한 저항이나 희생자도 거의 없었어요. 혁명 부대는 무혈로 궁을 장악해버릴 수도 있는 상황이었습니다. 그 정도로 임시정부는 인기와 권력이 없었습니다.

민중의 인기를 얻기 위해서는 지주의 땅을 농민에게 나눠주는 토지개혁을 하거나 독일과의 전쟁을 그만둬야 했는데, 구조적으로 임시정부는 이 두 가지를 모두 실행할 수 없었습니다. 지주들과 긴밀한 유착 관계를 형성하고 있었기에 지주들의 땅에 손댈 수 없었고, 프랑스를 비롯한 외세 자본에 기대어 국고를 유지하고 있었기에 프랑스와의 군사동맹을 깨고 전쟁을 중지할 수도 없었어요. 결국 임시정부는 이도 저도 하지 못한 채 망하고 말았습니다.

타 정당을 비롯해 내부 비판자를 탄압한 혁명 이후의 풍경

제정러시아와 러시아 임시정부가 쓰러진 것은 그 사회의 자본주의가 구조적으로 약했기 때문입니다. 권력은 이들을 뒤로한 채 중산층 출신의 혁명가들과 그들을 따른 당원들에게로 넘어가지요. 볼셰비키가 집권했던 1920년대의 러시아에서 누가 참정권을 가진 정치적 주체였는지를 살펴보는 작업은 상당히 흥미롭습니다.

원칙적으로 사회주의는 민주적이어야 하지만, 레닌이 구상한

1918년 7월 10일, 소련에서는 프롤레타리아 독재를 실현하는 법적 기초를 명백히 한 최초의 헌법이 공표된다. 사진은 이 헌법의 표지.

과도기의 사회주의는 통상적인 민주주의와는 상당히 달랐습니다. 레닌은 사회주의로 가려면 과거의 지배계급을 파괴해야 한다고 봤어요. 1918년 채택된 최초의 소비에트 헌법에서는 착취계급의 구성원들에게 참정권을 주지 않았습니다. 당 지도부에 부르주아 출신들이 꽤 많았지만, 그럼에도 다른 부르주아들에게 입당권도 원칙적으로 부여하지 않았어요. 사실 누가 부르주아인지를 따지는 일은 상당히 자의적일 수밖에 없습니다. 예를 들면 푸틸로프 공장에서 일하고 있는, 어느 정도의 주식을 보유한 엔지니어는 부르주아일까요, 노동자일까요? 상당히 애매하지요.

현대 러시아사를 연구한 호주의 역사학자 실라 피츠패트릭Sheila Fitzpatrick(1941~)은 1920년대에 러시아에서 어떤 기준으로 출신 배경을 가늠해 참정권을 부여했는지를 살피는 논문을 썼습니다.

이 논문에 의하면, 당시에는 아버지의 신분을 이어받는 봉건적 신분제가 통용된 게 아니므로 각 개인이 스스로를 프롤레타리아화할 수 있었다고 합니다. 아버지가 부르주아일지라도 자식이 자원해서 적군에 복무하거나 노동자를 위한 대학 예비 과정에 들어가면 합법적으로 계급적 배경을 세탁할 수 있는 것이지요. 즉 열심히 정권을 뒷받침하는 기관에서 복무하면 되는 겁니다.

이는 특정 계급 출신을 절망에 빠트리는 게 아니라 개인으로 하여금 새로운 신분을 획득하는 것을 강력히 촉진하는 계기가 됩니다. 과거의 착취계급 출신들은 여러 경로를 통해 신분을 세탁한 뒤 새로운 체제에서 좋은 지위를 얻으려 했고, 수많은 프롤레타리아 출신들 역시 자신의 현재 위치를 이용해 새로운 지위를 얻으려고 노력했습니다. 대량 아사 사태가 발생했음에도 불구하고 폭동이 일어나지 않은 데는 이런 이유도 있었던 겁니다.

그런데 착취계급뿐만 아니라 많은 농민들 역시 신분 세탁을 하지 않는 한 참정권을 가질 수 없었습니다. 왜냐하면 볼셰비키 정당은 대규모 공장, 정규직 남성 숙련공, 지식인 중심의 정당이었기 때문입니다. 당원들은 교육 수준이 높고 사회주의 사상에 지적으로 공감하는 숙련된 남성 노동자들이 대다수였습니다. 간부층은 거의 모두 지식인이었고요. 레닌은 처음부터 농민을 타자로 규정했고, 볼셰비키 역시 극빈 농민을 제외한 대다수 농민들을 당의 일부로 보지 않았어요.

1918년 헌법에 의해 중앙 소비에트 선거를 치렀을 때는 일종의 할당제가 실시되었습니다. 도심에서는 2만 5000명이 중앙 소비에트에 대표 한 명을 보낼 수 있었지만, 농촌에서는 12만 5000명이 대표 한 명을 보낼 수 있었습니다. 레닌은 농민들이 자신에 반하는 인물을 대표로 뽑지 않도록 미리 손을 써둔 후, 자신을 지지할 확률이 높은 노동자들이 많은 도심에 특혜를 부여했습니다. 이게 민주주의가 아니라는 건 레닌도 인정했어요. 하지만 과도기의 무산계급 정권 정착을 위한 불가피한 정책이라고 주장했지요. 1921~22년에 이르면 농민들이 대표를 보낼 수 있던 지역 소비에트들마저 점차 실권을 잃어갑니다. 소비에트의 독재가 당의 독재로 전환된 것이지요.

민주적 사회주의에서는 원칙적으로 공산당 외에 다른 당이 존재할 수 있지만, 1922년 이후에는 다른 정당들이 흔적도 없이 사라집니다. 볼셰비키 혁명을 비판적으로 지지했고 일부 숙련공들의 지지를 많이 받았던 멘셰비키의 경우, 일부 소비에트에서 대표로 선출되어 일을 하기는 했지만 그럼에도 정치적 탄압을 많이 받았습니다. 이들의 신문은 강제 폐간되었고, 시위는 강제 해산되었습니다. 반동으로 간주되어 매우 드물게는 총살을 당하기도 했고, 1923~24년에 이르러서는 200~300명 정도가 옥살이를 하기도 했지요. 멘셰비키의 지도자였던 마르토프는 내전 기간 동안 모스크바에 살면서 소비에트 대표를 지냈고, 레닌의 독재적 행보를 비판하며 노동자들에게 민주적 사회주의를 호소하기도 했습니다. 하지만 1921년 레닌의 허락을 받고 독일로 망명을 가서 그곳에서 생을 마쳤습니다. 멘셰비키 지도부 중 상당수는 당의 허락을 받고 망명길에 올랐지만, 러시아에 남아 있던 이들 대부분은 귀양을 가거나 옥살이를 했어요.

1922년에 이르면 멘셰비키 주요 지도부 중 정치 활동을 할 수 있는 사람이 거의 사라집니다. 멘셰비키가 강력한 권력을 휘둘렀던 인쇄 부문 등 몇몇 노조에서는 이들이 축출되기도 하지요. 레닌이 철저한 독재를 했다고 보기는 어렵지만, 비밀경찰을 통해 볼셰비키와 경쟁하지 못하도록 멘셰비키를 제거했어요. 이때 멘셰비키가 된다는 것은 감옥에 가겠다는 말과 다를 바 없었고, 볼셰비키 당 밖에서의 정치 활동은 사실상 불가능했습니다.

도시에서는 인기가 없었지만 농촌에서는 인기를 얻었던 사회혁명당은 멘셰비키보다 훨씬 더 강력한 탄압을 받습니다. 인민주의적 지식인들이 주축을 이룬 사회혁명당은 볼셰비키와의 무장투쟁까지 지지하지요. 1922년에는 볼셰비키가 사회혁명당의 일부 지도자들을 검거해 공개재판을 벌인 후 이들에게 사형을 선고합니다. 이에 벨기에 노동당 당수였던 에밀 반더벨드Emile Vandervelde(1866~1938)는 다른 혁명가에 대한 공개재판은 문제가 있다며 레닌을 비판합니다. 볼셰비키 지지자들은 재판정에 들어오는 반더벨드를 향해 개량주의자라며 규탄 시위를 벌이기도 하지요. 볼셰비키는 사회혁명당원들이 볼셰비키에게 테러를 하지 않는 한 사형 선고를 받은 사회혁명당 지도부들을 죽이지 않겠다고 밝힙니다. 결국 인질이 된 지도부들은 여생을 감옥이나 유배지에서 보냈고, 이들 중 생존자는 1930년대 후반에 총살당하지요.

소수민족 해방을 위해 투쟁하던 공산주의자들 역시 스탈린의 탄압을 피해갈 수 없었습니다. 대표적인 예로, 타타르 출신의 이슬람 공산주의자 미르자이드 술탄 가리에브Mirsaid Sultan-Galiev (1892~1940)는 1924년부터 박해를 받기 시작해 1930년에 체포되었고 이후 총살당하지요.

한편 당내에서는 1923~26년 사이에 트로츠키를 중심으로 한 급진적 반대파가 합법적 활동을 펼칩니다. 당시에 이들은 노조의 민주화를 요구했어요. 하지만 노조 활동가 중에서 현장 출신의 일반 노동자는 12~13퍼센트밖에 되지 않을 정도로 노조는 이미 관료화되어 있었지요. 노조 간부는 일종의 직업이 되고 말았어요. 일반 노동자와 노조 간부, 십장, 지배인의 관계는 거의 혁명 이전의 예속적 형태로 돌아왔고요. 트로츠키파는 노조 간부들 중에 당원이 아닌 일반 현장 노동자가 3분의 1은 있어야 한다고 주장했지만, 주장과는 별개로 현장에서 그들의 실천은 미흡했습니다. 또한 그들은 당내에서 합법적인 반대파 활동을 했음에도 불구하고 한번도 다른 사회주의 정당에 대한 자유화를 요구한 적이 없어요. 모든 이들의 평등한 참정권을 요구하거나 체제를 비판하는 이들을 인정해달라는 주장도 한 적이 없고요. 당의 권력 독점에 대해서는 문제 제기를 하지 않았던 겁니다.

급진적 반대파의 활동은 지식인의 운동이라기보다는 공산당에 입당한 현장 노동자를 중심으로 관료화된 당을 비판하는 운동이었습니다. 급진적 반대파의 지하신문이나 이들 사이에서 오간 편지를 살펴보면, 이들이 왜 트로츠키파가 되었는지 알 수 있습니다. 당 관료들이 노동자를 대하는 방식이 혁명 전과 거의 똑같다는 토로를 비롯해서 노동자들의 열악한 생활 여건에 대한 이야기가 등장하지요. 당시에 노동자들의 주택 크기는 1인당 5평방미터밖에 안 되었어요. 생산 현장에 있던 엔지니어들의 주택은 그보다 두 배 정도 컸고요. 도시는 농촌보다는 특권을 누릴 수 있었지만, 도시 내부의 실질적인 특권층은 현장 노동자라기보다는 당 간부와 국가 간부, 그리고 그들과 이미 유착된 현장의 전문가들이었습니다.

많은 노동자 평당원들은 미완의 혁명에 대한 좌절과 사회적 불평등에 불만을 느끼고서 급진적 반대파에 결합했고, 노동자들 사이에서 트로츠키주의가 힘을 얻기도 합니다. 모스크바의 노동자 밀집 지역인 소콜니키Sokol'niki와 크라스나야 프레스냐Krasnaya Presnya에서는 1926~27년 선거에서 트로츠키파가 압승을 거두기도 해요.

하지만 1927년을 기점으로 트로츠키파는 비밀경찰의 공작에 의해 거의 파괴되고, 활동가들은 대부분 귀양을 가게 됩니다. 당내에서의 정치 활동도 말살되지요. 정치 형태로 본다면 소련은 1921~27년 사이에는 일당독재였지만 당내 제한적인 자율적 정치 활동의 공간이나 사상적 다양성은 보장되었습니다. 집단 독재를 하고 있었지만, 적어도 독재의 주체가 다양성과 민주성을 보유하고 있었던 것이지요. 하지만 1928년 이후로는 사실상 일인 독재로 가는 길이 시작됩니다. 정치가 사라지고, 그 자리에는 행정과 동원만 남게 되지요.

소련은 사회주의 국가가 아니었습니다. 사회주의는 정치 영역의 존재를 기본 전제로 삼습니다. 국민 모두가 정치의 주체가 되어 자유롭게 활동을 펼치며 민주적으로 참여할 수 있어야 하지요. 물론 이는 선진화된 부르주아 사회에서도 어려운 일이지만요. 1927년까지의 소련에는 그나마 제한적인 정치 영역이 남아 있었지만, 이후로는 모두 사라져버렸습니다. 지하 서클 정도만 그나마 남아 있었지요. 지하에서 활동한 이들은 대부분 혁명이 배반당했으며 진정한 공산주의를 실현해야 한다고 주장하는 마르크스주의자들이었습니다. 정치 영역이 국가에 의해 잠식되고 그나마 남은 정치는 모두 지하화되었던 1980년대의 남한과도 유사한 상황이었지요. 소련의 지하에서 진정한 마르크스주의를 찾자는 공산주의의 붐이 일었던 것처럼 남한의 지하에서는 소련이라는 붐이 일었던 것이고요.

1920년대 이후의 스탈린 체제, 교육을 통해 노동자와 농민을 포섭하다

러시아의 1920년대는 매우 느슨한 성장의 시대이자 동시에 불만의 시대였습니다. 레닌과 그의 후계자들은 1921~28년에 신경제 정책NEP을 실시합니다. 큰 공장은 국가가 소유하지만 작은 공장은 옛 주인에게 돌려주고, 농민들에게 부분적으로 자유로운 시장 활동을 보장해주었습니다. 이는 공업화를 추진하면서도 당이 계속해서 권력을 독점하려는 것이었지요. 하지만 신경제 정책으로는 급속한 공업화를 이뤄낼 수 없었습니다. 민중들의 생활은 여전히 열악했으며 '무엇을 위한 혁명이었던가'와 같은 질문이 공개적으로 제기되었습니다.

빠른 공업화를 위해서는 자본이 필요했는데, 1920년대의 러시아는 자본주의 국가들 사이에서 외톨이였습니다. 외국자본은 제정러시아 정부가 빌린 외채를 갚지 않는 정책을 편 소비에트 러시아에 투자를 하지 않았어요. 그러니 러시아 내부에서 자본을 긁어모아야 했는데, 공업 부문에 투자할 여유 자금을 만드는 게 만만치 않았습니다.

학자마다 계산이 조금씩 다르긴 하지만, 러시아의 경제학자 그리고리 하닌Grigorii Khanin(1937~)의 계산에 의하면 1928년 러시아 공업의 총생산은 제정러시아 말기였던 1913년의 총생산에도 못

미쳤다고 합니다. 심지어 내전이 종식된 직후의 총생산은 1913년의 25퍼센트밖에 되지 않았어요. 1920년부터는 조금씩 총생산이 증가하지만 신규 투자 증가율이 2~3퍼센트밖에 되지 않을 정도로 경기가 침체되어 있었습니다.

이러한 상황에서 상당수의 공산당 경제학자들은 농민들의 잉여를 수취하지 않으면 산업화를 통해 진정한 사회주의로 나아갈 수 없다고 봤습니다. 그 잉여를 어떻게 수취할지가 경제학자들의 고민거리였지요. 트로츠키파 경제학자인 예브게니 프레오브라젠스키Yevgeni Preobrazhensky(1886~1937)는 법률로 곡물 가격을 낮추는 저곡가 정책을 폄으로써 농촌의 잉여를 산업 투자로 돌리자고 주장합니다. 부르주아 국가에서는 식민지 약탈, 임금 삭감을 통한 노동자 수탈, 인클로저를 이용한 농민 수탈이 원시축적의 원천입니다. 하지만 러시아에서는 이 모든 게 불가능하다 보니 이런 저곡가 정책이 제기되었지요.

정부는 곡물 값이 떨어지는 풍년일 때는 곡물 판매를 유보하게 하고, 곡물 값이 폭등할 때는 법정 수매 가격을 정해 곡물을 싼값에 내놓도록 강요했습니다. 그 결과 만들어진 잉여를 통해 공업화 정책을 펼쳤고요. 공산당 이론가들에게 농민들은 정치적 공작의 대상이었고, 대부분의 농민들 역시 노동자 위주의 새로운 국가에 대해 반감을 품으면서 당의 정책을 지지하지 않았습니다. 국정 참여 기회가 거의 없었던 농민과, 농업보다는 산업을 우선시하는 도시인들의 국가 사이에 숙명적인 갈등이 불거진 것이지요. 하지만 이 대립은 오래 가지 않습니다. 1929년 이후 소비에트 정부는 농민 협동화 작업을 통해 농민 계층의 척추를 꺾는 파괴적인 승리를 거두고서 농민들을 직접 관리하는 체제를 구축하지요.

1920년대에 노동자들 역시 불만이 없었던 것은 아니었습니다. 러시아 도시 인구의 25퍼센트가량이 실업 상태였고, 노동자 임금도 1920년대 초반에 잠깐 오른 뒤 1925~27년에는 동결됐습니다. 혁명 이후 노동자들의 삶이 실제로 나아지지 않았던 겁니다.

실질 임금이 낮다 해도 모두가 평등하게 산다면 그나마 위안이 되었을 텐데, 그렇지도 않았습니다. 부농과 전문가는 노동자와 확연히 다른 계급적 차이가 있었습니다. 전문가의 평균 임금은 노동자의 8배에 달할 정도였어요. 레닌과 트로츠키는 서방으로 망명하려는 전문가들을 붙잡으려면 임금을 많이 주는 방법밖에 없다고 봤습니다. 그만큼 전문가에 대한 특혜가 있었던 것인데요. 당시에 노동자들의 평균 임금은 150루블이었는데 고급 전문가의 임금은 3000~4000루블 이상이었고, 탄광 광부와 관리자의 월급 차이는 80배나 되었습니다. 민주주의가 사라지고 있는 데다가 주거 환경은 낙후되었고 임금도 불평등했으니 노동자들 역시 현실에 불만을 가질 수밖에 없었어요.

트로츠키는 자신이 소련에서 추방당했으면서도 당내 평당원들과 당 밖의 노동자, 고용농들이 스탈린을 몰아내고 당을 민주화시킬 것이라는 희망을 품고 있었습니다. 지금은 비록 타락의 길을 걷고 있지만, 소련이 사회주의 국가인 이상 사회주의 국가의 시민들이 이 국가의 타락을 바로잡을 수 있을 것이라는 유토피아적인 기대를 죽을 때까지 거두지 않았어요. 하지만 이들의 체제에 대한 지지는 변함없었고, 1941~45년 독일과의 전쟁을 거치면서 이는 더욱 공고화되었습니다. 그렇다면 왜 트로츠키의 기대가 엇갈린 걸까요? 이 불만으로 가득 찬 사회는 왜 새로운 혁명으로 나아가지 않고 스탈린 체제에 대한 지지로 귀착되었을까요?

소비에트 러시아는 혁명을 거친 뒤 정치적으로는 독재를 향해 갔지만, 제정러시아 시대에 비해 사회 분위기는 쇄신되고 선진화되었습니다. 단적인 예로 혁명 직후에는 동성 결혼이 허용되었습니다. 급진적인 혁명의 보람이라고도 할 수 있지요. 이외에도 일체의 생활, 문화와 관련된 법적 규제들이 사라졌습니다. 제정러시아 때 금지되다시피 했던 낙태 수술도 허용되었습니다. 각 병원 낙태위원회의 허가를 받아 수술하는 방식이긴 했지만, 낙태 수술이 보편화되어서 여성들이 몸에 대한 자기 결정권을 갖게 되었어요. 1930년대에 들어서면 다시 모성 보호라는 명목으로 낙태가 법적으로 억제되지만요. 또한 결혼 이외의 동거도 허용되었고, 이혼 절차도 간소화됩니다. 혼외 성관계에 대한 편견이나 혼전 성관계에 대한 종교적 거부감도 거의 사라졌어요. 초기 공산당의 리버럴한 면모이지요.

레닌 정부에서 활동한 유일한 여성이었던 알렉산드라 콜론타이Aleksandra Kollontai(1872~1952)는 연애 관계, 육아 관계, 동지 관계를 분리하면서 연애는 다각적으로 하되 그 안에서 함께 육아 노동을 하고 동지 관계도 갖는 식의 가족 해체 운동을 벌이기도 했습니다. 하나의 소집단에 젊은 남녀들이 다자 연애를 하면서 함께 사는 코뮨 운동도 상당히 활발했지요. 이는 1920~30년대에 조선 사회에서도 하나의 이슈로 회자되었고요. 1920년대는 러시아 사람들에게 '성의 자유화' 시대로 회상될 정도였고, 이러한 사회 분위기는 젊은이들의 환심을 사는 데 큰 역할을 했습니다. 스탈린 독재에 대한 불만을 누그러트릴 수 있는 자유로운 사회 분위기가 조성된 것이지요.

하지만 무엇보다도 당시의 불만을 잠재우는 데 결정적인 역할을 한 것은 교육의 보급이었습니다. 볼셰비키 입장에서는 러시아의 선진화와 개발을 위해 교육이 필수적이었어요. 가장 시급했던 것은 문맹 퇴치였는데, 볼셰비키는 이를 위해 많은 투자를 했습니다. 그 결과 제정러시아 시대에 70퍼센트였던 문맹률이 1938년 즈음에는 15퍼센트로 줄어들었고, 1940년대 후반에 이르러서는 문맹이 퇴치됩니다. 초등학교 입학도 의무화되어서 대부분의 취학 연령 아동들이 학교에 다녔습니다. 텔레비전이 없던 당시에는 이념과 사상을 전하는 매체로 신문이 유일했는데, 초등학교를 나와 글을 깨우쳐야만 당 기관지인 《프라우다》를 읽을 수 있을 테니 공산당으로서는 초등학교 교육이 중요한 과제였던 겁니다.

또한 이 시기는 러시아 역사상 최초로 노동자와 농민 출신들이 대학에 쉽게 입학할 수 있었던 때입니다. 대학 입학자 수도 계속 증가해서 1930년대 후반에는 100만 명이 대학에 입학하는 고등교육의 대량화 시대를 맞이합니다. 서구에서는 1950년대 이후, 한국에서는 1980년대가 지나서야 대학 교육이 활성화되는데, 러시아에서는 이르게 나타난 것이지요.

그런데 노동자와 농민 출신들은 교육 수준이 낮았기 때문에 대학에 들어가는 것도, 들어가서 대학 생활에 적응하는 것도 쉽지 않았습니다. 대학의 교육 수준은 높았는데, 그 격차를 따라갈 수 없었던 것이지요.

이러한 문제를 해결하기 위해 당은 두 가지 제도를 만듭니다. 이는 공산당의 인기를 올리기 위한 사회적 장치이기도 했는데요. 하나는 대학 입학 할당제였습니다. 각 대학마다 노동자와 농민 출신의 입학을 할당한 제도로, 1924년 교육부는 모든 대학에서 노조 조합원들에게만 입학 허가를 내주어야 한다는 훈령을 발표하기도 합니다. 체제를 위해 복무한 혹은 복무할 이들에게 특혜를 주겠다는 것이었지요. 하지만 행정 능력이 떨어지고 분산된 교육 체계를 가진 러시아에서 교육부 지침은 잘 지켜지지 않았습니다.

당에서는 대학 입학 할당제와 함께 랍파크Rabfak라는 대학 예비 과정을 만듭니다. 여기서 6개월 동안 죽어라고 공부해서 대학에

러시아의 화가 레오니트 크리비츠키(Leonid Krivitsky)의 〈랍파크의 맨 앞 줄〉. 진지하게 수업에 몰두하고 있는 이들과 골머리를 앓고 있는 이들의 대비된 모습이 이채롭다.

입학할 수준의 지식을 전수받은 이들에게는 무시험 대학 입학이라는 파격적인 특전을 주었습니다. 랍파카비츠, 즉 예비 과정생이라는 말은 젊은이들에게 희망의 상징으로 떠오르면서 1930년대 소련의 유행어가 되기도 하지요. 랍파크에는 공산당 청년 조직 등 공산당과 그 부속 단체에서 활동한 당원을 비롯해 군 복무 경험자, 활동가 등 체제를 위해 경력을 쌓았던 사람들이 들어갈 수 있었습니다. 체제에의 적극적인 편입이 우회적으로 장려되었던 겁니다.

1930년대 초반, 노동자와 농민 출신 대학생은 전체 대학생의 약 37퍼센트 정도였습니다. 할당제가 실시되었음에도 대학 입학을 주관하는 지식인 출신 교수들은 자신과 출신이 같은 사람을 학생으로 뽑았던 것이지요. 공산당의 정책에 대한 교수들의 저항이 강했다고도 볼 수 있는데요. 그럼에도 교육이 극소수에게만 허용되는 사치였으며 노동자와 농민 출신 대학생을 찾아볼 수 없었던 제정러시아 때와 비교해보면 엄청난 발전이었지요.

하지만 이를 흡족하게 여기지 않았던 공산당은 1930년 소비에트최고위원회를 통해 적어도 80퍼센트의 대학생이 노동자와 농민 출신이어야 한다는 강력한 성명을 발표합니다. 체제는 노동자와 농민 출신의 대학 진학을 지원해주었고, 그들 위주로 돌아가는 대학을 무료화했어요. 하지만 이러한 역차별 정책들에도 불구하고 1980년대 초까지 대학생 중 노동자와 농민 출신은 45퍼센트를 넘지 못합니다.

제가 레닌그라드 국립대학 동양학부에 입학했을 당시에 저와 함께 입학한 과 동기는 총 50명이었는데요. 이중 시골 출신이 세 명, 도시 노동자 출신은 서너 명에 불과했어요. 대학에 대한 실질적인 헤게모니는 간부층과 지식인, 전문가 출신 등 중산층 고학력자들이 쥔 가운데, 공산당이 노동자와 농민을 지원해주었다고 봐야 할 거예요.

한편 한국의 1970년대와 마찬가지로 당시의 러시아는 공업 부문이 팽창하는 시기였습니다. 많은 공업 시설이 건설되었고, 엔지니어에 대한 수요도 늘어났지요. 학생들은 대학을 졸업하면 바로 직장을 배정받아 취업을 할 수 있었고, 이는 노동자와 농민들에게 엄청난 기회로 다가왔습니다. 대학이 실제로 현실적인 출세의 발판이 된 것이지요. 그러다 보니 부모는 우크라이나 농촌에서 굶어 죽고 있는데 자식은 모스크바 랍파크에서 공부하느라 그 소식을 듣지 못하는 일이 벌어지기도 합니다. 극심한 가뭄으로 고향에서는 대량 아사 사태가 벌어졌지만 자식은 모스크바에서 출세를 위해 매진하느라 아무런 소식도 접하지 못한 것이지요. 새로운 체제에서의 출세가 보장되었기에, 부모가 굶어 죽어도 그 이유로 체제를 문제 삼지는 않은 것입니다.

물론 대량 아사 사태를 계기로 체제를 비판하는 지하 서클이 활동하긴 했습니다. 당시에 비밀경찰은 대민 사찰, 즉 일종의 여론 사찰을 가장 중시했고, 주로 개인이 사석에서 나눈 대화들을 통해 정보를 수집하고 있었어요. 공석에서는 개개인이 자유롭게 자기 의견을 펼 수 없었기 때문이지요. 비밀경찰이 수집한 자료를 살펴보면, 당시에 분명 대량 아사 사태에 대한 비판 여론이 있었습니다. 대중들은 문제의식을 느끼고 있었지만 그다지 반발하지 않은 것이지요.

스탈린 체제는 분명 억압적이었지만, 제정러시아 때와는 비교할 수 없을 만큼의 대민 포섭 능력도 갖추고 있었습니다. 체제에 포섭된 대중들은 억압을 느꼈지만, 그에 대한 불만을 정치적으로 표출할 수 없었어요. 결국 스탈린 치하의 소련 체제는 사회주의라기보다는 대민 포섭 능력이 뛰어나면서 고속 압축적 성장을 지향하는 국가 단위의 비非시장적 개발주의로 규정하는 게 정확할 겁니다.

폭력을 통한 성장,
그 모순된 꿈을 좇은 국가의 모습

교육은 체제 포섭의 기제로 상당히 효과적이었습니다. 그런데 교육이 체제 포섭을 위한 당근이었다면, 국가 폭력은 채찍의 역할을 합니다. 국가는 공포 분위기를 조성하면서 개인을 원자화하고 사회를 무력화시켰습니다. 1928년에는 러시아 남부의 샤흐티에서 석탄 채굴이 지속적으로 감소하자 광산 기술자들을 사보타주 혐의로 체포해 공개재판을 엽니다. 이 재판은 소련 최초의 탄압성이 분명한 공개재판이었지요. 1930년대에 들어서는 특정 집단을 겨냥하는 일련의 공개재판이 열리면서 사법적 폭력이 자행됩니다. 1937~38년에 이르면 대규모 숙청이 정점을 찍고, 정치범에 대한 체포와 총살이 이어지지요.

이러한 결과 1940년대에 수용소와 감옥에 185만 258명이 갇혀 있게 됩니다. 어떻게 이렇게 정확한 수치를 알 수 있는지 궁금하시지요? 비밀경찰이 체포 및 총살 대상자를 정확히 파악해서 기록해두었고, 이 기록이 문서 보관소에 보관되어 있기 때문입니다. 수감자 중 상당수는 당 안팎에서 반대 활동을 벌이는 등 스탈린 체제에 충성하지 않거나 그럴 가능성이 있다고 간주되는 각종 사상범, 정치범들이었어요. 정점에 이른 1937~38년 사이에 사상범으로 체포, 수감된 사람은 134만 4922명이었고, 이중 68만 1692

명이 총살됩니다. 그 뒤로 연간 총살자 수가 크게 줄어들기는 합니다. 이때는 반체제 활동을 할 만한 이들을 잠재적인 적으로 간주해 선제공격을 했고, 군부의 불만 폭발을 예방하기 위해 장교들 역시 공격의 대상이 되었습니다. 이런 방식으로 사회운동의 가능성이 사실상 봉쇄된 것이지요.

스탈린 체제하에서는 웬만한 소도시 인구에 버금가는 사람들이 처형됐습니다. 그중 상당수가 중요한 직책을 맡았던 이들이에요. 이들의 빈자리는 다른 사람들로 채워졌습니다. 스탈린 체제의 대량 총살은 대량 출세의 다른 이름이었어요. 68만여 명이 떼죽음을 당했다면 다른 68만여 명이 그 자리를 차지했다는 뜻이지요.

실제로 1930년대 후반 소련의 사회 분위기는 암울하면서도 동시에 미래에 대한 희망이 넘쳐났습니다. 이후 소련의 지도자가 된 많은 이들이 이때의 공석을 메꾸고 고속 출세를 한 사람들이지요. 스탈린의 후계자였던 니키타 흐루쇼프Nikita Khrushchev(1894~1971)가 대표적인 인물입니다. 그는 1920년대 말까지 노동자로 일하다가 랍파크를 거쳐 대학생이 되었고, 졸업 후 모스크바 지역당 간부가 됩니다. 숙청 시대를 만나 이런 고속 출세의 과정을 거쳐 고급 간부가 된 거예요. 많은 간부들이 총살당하지 않았더라면 능력이 검증되지 않은 젊은이들이 고속 출세를 할 수 없었을 겁니다.

이처럼 당시의 출세 패턴은 상당히 압축적이었어요. 폭력과 포섭은 불가분의 관계였고요. 일부에 대한 폭력은 또 다른 이들에게 포섭으로 작용해 대량 폭력이 오히려 신분 상승의 기회를 열어주었습니다. 스탈린 체제의 폭력은 개인의 출세와 사회의 성장 가능성에 의해 합리화되었습니다. 성장이란 폭력의 다른 이름이었고, 폭력의 사회적 명분 또한 성장이었지요.

소련은 박정희 시대의 한국처럼 빠르게 압축적으로 성장해나갔습니다. 한국의 경우, 박정희의 '꿈의 공장'은 포항종합제철이었어요. 유신 체제 이후 철을 만들기 시작하면서 독자적인 군수 공업이 가능해졌고, 탱크는 물론 핵무기까지 꿈꿀 수 있는 고속 산업화가 진행되지요. 이런 맥락에서 포항종합제철은 박정희를 대표할 만한 상징물이자 유신 체제의 핵심적인 고리입니다. 소련 역시 무기를 만들 수 있는 군사적인 산업화를 필요로 했는데요. 스탈린 시대의 상징물은 마그니토고르스크라는 도시에 세워진 제철 공장입니다. 강철 생산은 농민 수백만 명을 희생해서라도 실현시키고 싶어했던 스탈린의 숙원 사업이었어요. 그에게는 탱크를 만들어서 소련을 세계 최고의 열강으로 키우겠다는 꿈이 있었습니다.

제철 공장 건설에 힘입어, 1928년에 300만 톤이었던 러시아의 강철 생산량은 10년 만에 1500만 톤으로 증가합니다. 강철을 다섯 배나 더 생산하게 된 것이지요. 조선의 신문에서 이에 대한 호의적인 보도를 내보내기도 합니다. 온건 민족주의자들이 주류를 이루었던 조선 신문들 입장에서도 산업화의 꿈이 이루어진다는

1929~31년 건설된 마그니토고르스크의 제철 공장. 제2차 세계대전 때 사용된 소련 탱크의 절반 이상이 이곳에서 생산된 강철로 제작되었다.

것은 '근대' 차원의 긍정적인 일이었던 겁니다.

1920년대에만 해도 비행기나 탱크를 생산하지 못했던 소련은 1930년대의 성장을 발판 삼아 1940년대에 들어서면 독일을 능가할 만큼 무기를 생산해냅니다. 이 과정에서 잔업 등을 포함해서 하루에 15시간이나 노동을 하는 과로가 생활화되고 산재 사망률도 급증하지만, 그럼에도 생산의 활성화는 일자리의 창출을 뜻했고 이는 대중들의 환호를 받습니다. 간부로 승진할 수 있는 엔지니어의 일자리가 특히 많아졌고, 이는 대학에 갓 들어간 노동자와 농민들에게 출세의 꿈을 부추겼습니다. 성장은 소련 사회가 공유하는 합의점이자 꿈이었습니다. 개인의 꿈은 사회의 성장과 자연스럽게 연결되었지요. 수백만 농민의 희생이 전제되어야만 한다는 것을 모르지 않았지만, 스스로가 피해자가 되지 않는 이상 대중들은 이는 외면했습니다.

제 부모님께 들은 이야기를 하나 해드리지요. 부모님도 직접 겪은 건 아니고 들으신 이야기인데요. 제 조부모님은 1933~34년에 우크라이나 동북부의 루간스크라는 도시에 거주하셨는데, 당시에 시골에서는 식량이 매우 부족했다고 합니다. 달걀 하나를 구하기 위해 온 시장을 뒤져야 할 정도였다고 해요. 도시에는 배급제가 있어서 최소한 굶어 죽진 않을 정도의 턱없이 부족한 식량이라도 보급되었는데, 시골에는 그마저도 없었지요. 굶주린 농민들의 도시 진입을 막기 위해 도시 주변부에는 경찰들이 포진해 있었는데, 그럼에도 도시에 들어온 농민들이 종종 길거리에서 시체로 발견되기도 했다고 해요.

하지만 제 조부모님을 비롯한 수많은 도시민들은 그런 상황을 마주하면서도 체제가 잘못되었다는 생각은 하지 않았다고 합니다. 심지어 굶어 죽은 농민들의 후손들 중에서도 체제에 대한 문제를 느끼지 못한 이들이 있었다고 해요. 부풀려진 성장의 꿈, 근대로 나아가야 한다는 생각에만 사로잡혀 있었던 것이지요. 이러한 일화는 근대화 과정에서 폭력과 포섭이 어떻게 서로의 꼬리를 물고 이어져 있는지를 보여주는 단적인 예일 겁니다.

페레스트로이카는 1980년대까지 소련을 지탱해온 성장이라는 명분이 흔들리면서 벌어진 일입니다. 소련의 성장률이 지속적으로 하락하고 있었거든요. 그러면서 공업 시설의 확대와 재생산이 불가능해졌고, 대졸 출신의 출세가 느려지는 인사 적체 현상이 나타났지요. 한국에서도 박정희 쿠데타 직전의 상황을 '군 인사 적체'라는 개념으로 설명합니다. 당시에 군에서는 장교 수가 늘어났지만 승진이 잘 되지 않았어요. 게다가 장면 정부는 군인을 10만 명이나 줄이는 정책을 펴려고 했지요. 이에 반발한 수많은 장교들이 박정희를 지지하면서 군사 쿠데타에 가담하게 된 것이고요. 마찬가지로 1980년대의 소련 역시 성장률 하락으로 인한 인사 적체 현상이 불거지면서 체제에 대한 불만이 고조되었습니다.

실제로 소련을 오랫동안 뒷받침해온 것은 사회주의가 아니라 산업 경제 팽창이 만들어낸 폭력과 포섭의 연결고리였어요. 비교해보자면 박정희 시대의 한국은 소련이나 북한보다는 포섭의 기제가 너무나 약했습니다. 소련에서의 무상교육 같은 것을 한국에서는 시도조차 하지 않았지요. 우골탑이라는 말에서 알 수 있듯이, 박정희 시대에는 대학 교육을 받으려면 부모 개인의 희생을 필요로 했습니다. 소련에서는 비록 양질은 아니었지만 노동자를 위한 무상의료 제도도 실시되었어요. 반면에 박정희 시대에 의료제도는 철저히 시장에 맡겼지요. 소련에서는 1930년대 후반부터 노동자 연금제도가 자리 잡는데, 박정희 정권은 군인과 공무원에

한해서만 연금제도를 시작했고요. 박정희는 복지 혜택이라는 포섭 정책을 스탈린과는 비교 못할 만큼 훨씬 더 작게 실시한 겁니다. 그러니까 같은 개발주의라 해도 혁명을 거친 사회란 좀 다른 것이지요.

대중적 인기의 측면에서도 박정희 독재는 문제가 있었습니다. 1971년 대선 결과만 보더라도, 조작이 없었더라면 김대중 후보가 이겼을 거예요. 세계경제 체제에 의존했다는 것 역시 문제였습니다. 제2차 오일 쇼크로 국가 경제가 흔들렸고, 1979년에 이르러서는 부마항쟁과 YH사건이 연이어 터지면서 체제에 충격을 가했지요. 이런 반발의 사례들을 본다면, 박정희의 독재를 대중독재로만 보기는 어렵습니다.

하지만 일부 대중들의 박정희에 대한 환상도 무시할 순 없지요. 당시에는 부모의 희생을 발판 삼아 도시에 진출해 대학에 가고, 대학을 졸업하자마자 취직을 해서 출셋길에 오르고자 하는 열망이 컸습니다. 단적인 예로 이명박을 들 수 있지요. 그는 가난한 가정에서 태어나 명문대를 졸업한 뒤 대기업에 취직해 재벌의 주역이 되는 고속 출세 코스를 밟았고, 결국에는 대통령까지 되었습니다. 이런 성공에 대한 선망과 승인이 독재를 뒷받침하는 합의를 만들어낸 것이지요. 위로부터의 압축 성장을 했다는 점에서 박정희 체제는 스탈린 체제와 유사합니다. 하지만 혁명을 계승한 사회인 만큼 스탈린 체제가 훨씬 더 대중독재에 가까울 거예요.

스탈린 체제를 돌아보건대 대중에 대한 과도한 신뢰는 위험할 수 있습니다. 당시의 소련 대중은 폭력의 희생자이면서 동시에 폭력의 주체이기도 했어요. 제2차 세계대전 당시 소련은 전체 인구 1억 4000만여 명 중에서 5분에 1에 달하는 3000만여 명이 사망했습니다. 그만큼 전쟁은 무서운 재앙이었어요. 하지만 그 과정에서 체제에 대한 지지는 강화되었고 결국 '적색' 인민(국민) 국가의 길로 나아갔습니다. 전승국으로서의 긍지를 이데올로기로 만들어 인민을 통합시켰지요. 상당수의 인민들이 이에 자발적으로 동의했고요.

러시아에서는 5월 9일이 가장 큰 명절 중 하나였습니다. 제2차 세계대전 당시 나치 독일이 항복을 선언한 이날은 다른 참전국들에게 전쟁 종식일이지만 러시아에게는 승리의 날이지요. 이날 거의 모든 텔레비전 채널에서는 전쟁 영화를 방영하며, 상이병들이 메달을 양복에 달고 목에 걸고 거리를 전전합니다. 이 메달은 전쟁 중에 적군을 사살한 이들에게 국가가 수여한 것이지요. 아무리 정의로운 전쟁이라 해도 사람을 죽이는 건 그 자체로서 분명 선한 행동일 수 없는데……. 모두들 이에 대해 문제의식을 느끼지 않습니다. 이것이 오랜 시간 국가가 대중을 포섭하고, 대중 또한 국가의 폭력에 동의한 나라의 풍경입니다.

결국 소련은 상당히 높은 수준의 성장을 하다가 1980년대에 들어서면서 그 흐름이 둔화되어 무너지고 말았습니다. 북한의 경우는 1960~70년대까지 남한을 능가하는 기록적인 성장을 하다가 1970년대 중·후반부터 성장이 둔화되었고, 결국 비참한 상태에 돌입하게 되었고요. 한국은 1960년대 이후로 줄곧 고속 성장을 하다가 현재에 이르러서는 성장을 멈추었고, 국민에 대한 국가와 자본의 포획력은 나날이 작아져가고 있습니다. '헬조선' 이야기가 젊은이들에게 통념이 된 현상이 바로 이를 반증하지요.

성장이 둔화되고 이윤율이 떨어지는 상황에서 자본가들은 신자유주의를 추구하지만, 이를 통한 성장은 양극화의 다른 이름일 뿐입니다. 양극화 사회에서 내수가 침체돼, 결국 수출에만 의존하는 성장은 세계시장의 포화 상태라는 벽에 부딪쳐 둔화돼 끝나고 맙니다. 자본주의적 성장이란 결국 부풀려진 허황된 꿈입니다. 자본주의 체제의 기본적인 모순을 전혀 극복하지 못한 채 그 모순에 의해 새로운 비극으로 치닫게 되는 것이지요.

1930년대 소련의 모습을 보면 성장을 향한 인간의 꿈이 얼마나 강한지 알 수 있습니다. 성장을 약속하는 보수적인 리더에게 몰표가 나오는 이유도 짐작 가능하지요. 하지만 그렇게 표를 던지는 이들은 양극화의 희생자가 될 가능성이 큽니다. 성장이라는 꿈은 말 그대로 손에 잡히지 않는 꿈속의 꿈이 아닐까요?

4강

급진과 온건의 갈림길에 선 유럽의 좌파 정당들

▼ ▼ ▼

러시아 혁명은 일국에서 일어났지만, 이 혁명의 여파는 외국으로도 스며들었습니다. 러시아에서 사회주의를 향한 시도가 좌절되는 동안 외국의 좌파들도 부침을 겪었지요. 이번에는 유럽 좌파 정당들의 사례를 통해 이들이 어떤 활동을 해왔고 무엇을 성취했으며 어떤 걸림돌에 부딪쳤는지를 살펴보려 합니다. 이 역사를 통해 타산지석으로 삼을 만한 부분들을 짚어보려고 해요.

좌파 정당이란 어찌 보면 그 자체로 역설을 품고 있습니다. 국가는 자본가계급 위주로 질서를 유지, 관리하면서 민중을 순치하는 기능을 하는데, 좌파 정당 역시 의회정치를 통해 이러한 국가 질서에 일정한 역할을 하게 되기 때문입니다. 다수의 의석을 얻는다 해도 이를 통해 기존의 부르주아적 질서를 넘어서 혁명으로 나아간다는 것은 어불성설이지요. 그럼에도 합법적 정당을 만들어서 의회정치를 펼치겠다는 것은 부르주아 국가에서 지도적인 위치를 점하겠다는 자기모순적인 이야기입니다. 레닌은 이 모순에 대해 "부르주아적 의회의 연단을 민중을 향해 우리 이야기를 외칠 좋은 기회로 이용해야 하며, 정당 활동은 부르주아 제도의 극복을 위한 활동이다"라고 말합니다. 정당을 사회에 침투해 민중을 의식화하는 도구로 본 것이지요.

체제가 상당히 안정된지라 아무리 공황이 몰아쳐도 당분간 혁명적 상황이 조성될 것 같지 않았던 유럽에서 합법적인 정당 활동을 하며 혁명을 준비하는 것은 대단히 어려운 일이었습니다. 의회에 들어가 활동하면서부터는 초심과 멀어지게 된 것이지요. 혁명을 준비하기 위해 창립된 정당은 결국 혁명의 마음을 잃어버렸습니다. 혁명은 주문해서 배달받거나 혁명 정당이 만드는 게 아닙니다. 그것은 민중을 의식화하고 조직화한 끝에 역사적인 상황이 오면 그에 발맞춰 할 수 있는 것이에요. 하지만 의회에 진입한 좌파 정당들은 제도화의 길을 걸으면서 혁명적 상황이 도래했을 때마저 아무것도 못하는 경우가 많았습니다. 역설적으로 혁명적 상황이 조성되었음에도 이 상황을 거스르는 데 공산당이 이용되기도 했지요.

다시 한번 말하자면, 자본주의 국가에서 부르주아 민주주의를 극복하려는 정당을 합법적으로 운영한다는 것은 자기모순적인 일입니다. 이를 극복하려면 말로만 자본주의에 대한 대안을 준비하는 것이 아니라 일상에서부터 지속적으로 대안을 실천해야 합니다. 당내에서 당원들 간의 위계질서를 없앤다든가 소비적인 생활양식이 아닌 생태 친화적 생활양식을 몸소 실천하는 것도 그러한 사례가 될 수 있습니다. 자본주의 교육의 대안이 될 만한 자발적이고 주체적인 교육을 시도한다든가 학교를 세워 사람들을 공부의 노예가 아닌 공부의 주인으로 만드는 일을 해보는 것도 좋겠지요.

마르크스레닌주의는 지나치게 정치권력에 집착해왔습니다. 마르크스는 심하지 않았지만 레닌은 정치권력을 지나치게 중시하면서 정치 이외의 것들을 도외시했어요. 레닌주의나 트로츠키주의를 따른 많은 정당들은 일상적이고 문화적이며 대안 생활양식적인 실천을 거의 하지 못했습니다. 정당들이 체제에 안주하고 제도화된 것은 이러한 실천이 없었기 때문이기도 해요. 좌파 정당을 한다는 것은, 레닌의 비유를 빌리자면 늪에 빠진 사람이 자기 머리카락을 당기며 늪에서 빠져나오려고 하는 것처럼 어려운 일입니다. 자본주의의 늪 속에 있으면서 그 안에서 자본주의의 방식으로 자본주의를 극복하는 것은 지난한 일이지요. 실제로 자본주의에서 빠져나오고 싶다면 말만 하는 것이 아니라 지속적으로 실천을 해야 합니다.

유럽에서 만들어진 최초의 대중적 진보 정당인 독일 사민당이 창당된 지 벌써 140여 년이 지났습니다. 진보 정당들은 그간 꾸준히 사회 개선에 이바지해왔습니다. 예를 들면 유럽의 복지 체계는 사민주의 정당의 조직력이 뒷받침되면서 만들어진 것이지요. 하지만 체제 개선은 부분적이었을 뿐 자본주의의 근본적인 문제는 여전히 해결되지 않고 있습니다. 인간을 기계화하는 자본주의의 악순환을 유럽인들이 극복했다고 보기는 어려워요. 반자본주의적 정당이 존재함에도 불구하고 근본적인 변화를 끌어내진 못한 것이지요. 그렇다면 진보적 좌파 정당들에게 어떤 문제가 있었는지 생각해봐야 하지 않을까요?

저는 2000년대에 한국의 진보 정당 민주화 이후 사상 최초로 의회 진출에 성공했던 민노당의 활동을 보면서도 문제의식을 느끼곤 했습니다. 단적인 예를 들면, 병역거부에 대한 민노당의 입장을 들 수 있어요. 한국은 세계에서 병역거부가 불가능한 몇 안 되는 나라 중 하나입니다. 유럽은 모두 대체복무가 가능하고, 터키는 대체복무가 불가능했을 때도 그 대신 대납제가 가능했지요. 소련의 동맹국인 동독만 해도 대체복무를 할 수 있었어요. 대체복무가 불가능했던 건 1930년대 후반 이후의 구소련과 베트남 정도였습니다. 그만큼 한국의 지배계급은 군대에 대한 집착이 강하다고 볼 수 있어요. 군대를 훌륭한 산업 전사를 만드는 교육기관으로 인식해온 것이지요.

그런데 민노당은 징병제에 대한 비판 담론을 적극적으로 생산하지 않았습니다. 병역거부 운동의 시발이 된 오태양 씨나 운동을 조직했던 나동혁 씨가 사회주의자이자 민노당 당원이었는데도 불구하고 말이에요. 민노당은 이론적으로나 실천적으로 징병제

제1차 세계대전 당시 영국군이 제작해서 군대에 배급한 엽서. 병역을 거부하고 대체복무를 하는 이들을 표현한 풍자화가 그려져 있다. 우스꽝스럽게 묘사되긴 했지만 이 당시에도 대체복무가 이미 부분적으로나마 존재했던 것이다.

에 반기를 들 만큼 문제의식을 가지고 있지 않았기에 병역거부 운동과 일정한 거리를 두고 있었습니다. 그만큼 징병제 담론이 한국 사회를 지배하고 있다는 뜻이기도 하겠지요.

이는 한국 민노당만의 문제가 아닙니다. 독일 사민당은 제1차 세계대전까지만 해도 징병제를 반대하는 선언서 하나 채택하지 못했습니다. 카를 리프크네히트처럼 군대를 비판한 급진적 인물은 일부였고 그마저도 당 지도부로부터 철저히 따돌림 당했어요. 프랑스 공산당 역시 징병제에 반대하지 못했고, 알제리 등지에서 국가가 벌인 전쟁에 대해 실질적으로는 순응하는 입장을 취했습니다.

국가주의 혹은 민족주의 관련 사안에 대한 민노당의 대응 역시 매우 아쉬웠습니다. 예를 들면 2005년에 일본 정부가 독도를 시마네현으로 편입 고시한 것을 기념한다며 시마네현에서 다케시마의 날을 지정했습니다. 이에 대응해 한국에서는 비판 여론이 들끓었지요. 이때 개인적으로 민노당의 반응이 상당히 궁금했는데, 당시 민노당의 김혜경 의원 등은 한국의 매운맛을 보여준다며 고춧가루를 들고 독도수비대원들을 찾아갔습니다. 이에 대한 당내의 반대 의견도 있긴 했지만, 저로서는 민노당이 그런 행동을 한다는 게 믿기지가 않았어요.

당시에 저는 민노당이 일본의 진보 단체와 함께 영토 민족주의를 반대하는 연대 선언을 내기를 기대했습니다. 양국 진보주의자들이 국가 간의 민족주의적 영토 분쟁을 초월할 수 있다는 걸 보여주길 바랐던 것이지요. 물론 일본 공산당을 위시한 진보 단체들도 독도가 '자국 영토'임을 강조하는 등 똑같은 영토 민족주의 병균에 감염되어 있긴 했지만요. 이런 사안에 대해 민노당은 대개 국수적인 태도를 취하다가 결국 이렇다 할 입장 표명을 하지 않은 채 지나가버렸습니다.

민중을 대표하는 정당이었다면 민노당은 국가주의적 이념 체계를 넘어섰어야 했어요. 하지만 민노당을 이끄는 주요 세력은 국가의 영토를 하나의 신체로 간주하는 기존의 민족주의적 세계관을 그대로 가지고 있었습니다. 그런데 이 역시 민노당만의 문제는 아닙니다. 이후 언급하겠지만, 유럽의 좌파 정당들 역시 이론적으로는 부르주아 계급의 대민 착취를 비판하고 계급투쟁을 선언하면서도 국가나 민족 단위의 세계관을 극복하지 못했어요. 조직적으로 국가와 유착되어 있기도 했고요. 이는 진보 정당의 활동에 엄청난 장애물이었습니다.

이외에 민노당이 교육 문제에 대해 대안을 제시하지 못한 것도 진보 정당으로서 상당히 심각한 실패 중 하나일 겁니다. 물론 국립대학의 통합 네트워크 같은 정책을 내놓기는 했지만, 중앙집권적이고 권위적인 학교 교육을 어떻게 바꿔야 할지에 대한 심층적이면서도 구체적인 대안을 제시하진 못했어요. 단적인 예로 학교 체벌은 한국 사회를 멍들게 하는 지극히 현실적인 문제입니다. 민노당에서 이에 반대하는 목소리가 그다지 터져 나오지 않은 것은 기존의 권위적이고 훈육주의적인 교육에 대한 문제의식이 약했기 때문일 거예요.

물론 민노당이 제시한 정책들이 보수 정당에까지 영향을 미쳐 긍정적인 변화의 토대가 된 사례도 있습니다. 그럼에도 앞서 언급한 것처럼 실패의 노정을 되짚어보는 일은 분명 의미가 있을 거예요. 한국보다 훨씬 오랜 역사를 가지고 있고, 실패를 거듭하면서 이어져온 유럽 좌파 정당들의 사례를 살펴보는 것 역시 한국 진보 정당이 그러한 전철을 밟지 않게 하는 데 참조가 될 것이고요.

혁명을 눈앞에 두고도 주저한 프랑스 공산당의 실제

유럽의 좌파 정당 중에서 이탈리아 공산당과 함께 가장 그 세력이 컸던 프랑스 공산당에 대한 이야기를 먼저 해보겠습니다. 제1차 세계대전 당시 유럽의 사민주의자들은 자기 정부의 전쟁을 지지했지만, 수백만 명의 사상자가 발생하고 사회가 피폐해지는 등 전쟁의 결과는 참담했습니다. 이에 사민당 리더들에 대한 좌절이 불거져 나왔고, 전쟁에 반대했던 레닌의 인기가 급등했지요.

이런 가운데서 1920년 프랑스 공산주의자들은 사회당에서 탈당해 공산당을 창당합니다. 처음에는 기존 사회당원의 4분의 3이 빠져 나올 정도로 세력이 컸습니다. 하지만 1920년대 말에 들어서면서 소련이 사회주의를 구현하는 국가가 아니라는 비판적 담론이 확산되자 세력이 다소 위축되지요. 일찍부터 트로츠키주의를 지지해왔으며 프랑스 공산당의 창당 멤버이기도 한 보리스 수바린Boris Souvarine(1895~1984)은 이때 스탈린주의의 위험성을 간파하고서 소련 체제를 비판하고 나섭니다. 프랑스는 출판업이 발달해서 정보가 빨리 유통되었고 책 읽는 문화가 자리 잡고 있었기에 이런 담론은 빠르게 확산되었습니다.

하지만 공산당은 이미 의회에 자리 잡고 있었고, 공산당에 입당해 지도부가 될 경우 무탈하게 국회의원 생활을 할 가능성이 컸습

공산주의에 호의적이었던 프랑스의 화가 보리스 타슬리츠키(Boris Taslitzky)의 1936년작 〈파업〉. 드로잉을 통해 총파업의 역동적인 긴장감을 잘 표현하고 있다.

니다. 그래서 노조 간부들은 스탈린주의의 범죄에 아랑곳하지 않고 공산당에 입당해 출세 가도를 달리기도 했어요. 프랑스는 민주주의가 잘 운영되었고 프랑스 공산당도 어느 정도 세력을 형성하고 있었기에 공산주의적 출세주의라는 패턴이 일찍 만들어진 겁니다. 이는 진보 정당이 본의를 잃어버리기에 좋은 환경이었지요. 어찌 보면 의회 민주주의가 진보주의자들을 누그러뜨리는 예방주사 역할을 한 셈입니다.

프랑스 공산당은 실제 혁명을 일으킬 수 있는 역사적 상황이 도래했을 때도 이를 실행할 생각을 하지 않았습니다. 혁명을 하느니 평소처럼 의정 활동을 하는 게 더 편했기 때문이에요. 1936년에 총파업이 일어나고 공산당은 사회당과 함께 연립내각을 만듭니다. 소위 말하는 인민·연합전선 정부가 들어서면서 세계 최초로 주 40시간 노동제와 바캉스에 대한 법이 제정되지요. 총파업 분위기가 무르익으면서 상당수의 노동자들과 대부분의 공산당 평당원들은 자본주의 철폐로까지 나아가길 원했지만 공산당은 꿈쩍도 하지 않았습니다. 공산당 간부들이 의회 민주주의에 안주하고 있었고, 소련도 프랑스에서의 급진 혁명을 원치 않았기 때문입니다.

당시에 프랑스 공산당이 큰형으로 모시고 있던 소련으로서는 사회당 지도자였던 레옹 블룸Léon Blum(1872~1950) 같은 친소련 인사가 프랑스 대통령이 되는 것이 프랑스에서 혁명이 일어나는 것보다 훨씬 유리했습니다. 그리고 프랑스와 파시스트 독일에 대항하는 군사동맹을 맺길 원했지요. 즉 복잡한 혁명보다 편안한 사민주의적 정책을 선호했던 겁니다.

당시 소련은 이미 혁명을 원치 않는 국가가 되어 있었습니다. 프랑스 공산당은 소련과의 관계 등 여러 이유로 인해 혁명을 일으킬 수 있는 현실적인 기회를 놓쳤어요. 결국 혁명은 좌절되었고, 독일과의 전쟁에서는 여지없이 참패해서 프랑스는 파시스트 독일에게 점령당하지요. 프랑스 남부에서는 토착적 파시스트들이 모여 비시 정권을 세운 후 온갖 범죄를 저지르기도 하고요.

1939년 제2차 세계대전이 발발했을 당시, 소련과 독일은 불가

침조약을 맺고 있었습니다. 이들이 비교적 우호적인 관계였기 때문에 프랑스 공산당은 프랑스를 침략한 독일군에 대해 별다른 대응을 하지 않았어요. 당시의 공산당 지도자 모리스 토레즈Maurice Thorez(1900~1964)는 심지어 군대도 가지 않고 잠적하지요. 하지만 프랑스 공산당은 소련과 독일의 전쟁이 터지자마자 레지스탕스, 즉 반독일 저항 노선을 채택합니다. 이는 소련과의 관계를 고려한 것이기도 했지만, 프랑스 민중의 항쟁 열망에 부응하기 위한 것이기도 했어요. 공산당은 조직화가 철저히 잘 되어 있는 구조였기 때문에 레지스탕스 활동에는 상당히 유리했습니다. 그 덕분에 레지스탕스 정당으로서 카리스마를 키워 나가지요.

사실 제2차 세계대전 말미에 미군과 영국군이 프랑스에 진입하지 않았더라면, 프랑스 공산당은 독자적인 군사력으로 독일군이 패퇴된 뒤에 사회주의 공화국을 건설할 수 있었을 겁니다. 프랑스 부르주아에게는 공산당을 막아설 힘이 없었어요. 하지만 미국과 소련이 군사동맹을 맺고 있었기 때문에, 미군을 비롯한 연합군과 함께 프랑스로 들어온 샤를 드골Charles de Gaulle(1890~1970) 장군이 부르주아 공화국을 부활시켜도 소련을 따르는 프랑스 공산당으로선 그들에게 복종할 수밖에 없었습니다. 혁명을 일으킬 수 있는 상황을 이렇게 놓쳐버린 것이지요. 보수화된 소련이 유럽의 부르주아들을 살렸다고도 볼 수 있고요. 소련은 이미 보수화되어 있었지만 사회주의를 명분으로 내세웠기 때문에 유럽 사회주의자들을 달랠 수 있었습니다. 유럽의 자본가들은 이런 상황을 만든 소련에게 내심 고마워했을 거예요.

제2차 세계대전이 끝난 후 프랑스 공산당은 엄청난 인기를 구가합니다. '7만 5000명 순국 인사의 당'이라는 별명을 얻으며 레지스탕스의 주역으로 대대적으로 인정받지요. 당원 수도 80만 명에 이르렀고, 일부 노조에서는 절대적인 권력을 행사했습니다.

한편 1950년대에 전 세계의 관심사이자 프랑스 공산당의 가장 중요한 이슈는 1954년부터 1962년까지 벌어진 알제리 독립 전쟁이었습니다. 알제리에는 100만 명이 넘는 프랑스 정착민들이 거주하고 있었고, 루이 알튀세르Louis Althusser(1918~1990)나 알베르 카뮈Albert Camus(1913~1960) 같은 지식인은 알제리 정착민 출신이었지요. 프랑스의 번성은 토지 등을 정착민들에게 빼앗긴 알제리 토착 사회의 희생을 바탕으로 한 것이었습니다. 하지만 프랑스 사회는 이슬람 및 비서구인에 대한 배타성을 드러내고 있었고요. 알제리가 독립을 도모하자 프랑스 유명 지식인 가운데 이를 지지한 사람은 알제리에서 투쟁했던 프란츠 파농Frantz Fanon(1925~1961)을 제외하고는 장 폴 사르트르Jean-Paul Sartre(1905~1980)가 거의 유일했습니다. 자기 명성을 걸고 프랑스 식민지 노예들의 독립 투쟁을 지지할 수 있는 사람이 거의 없었던 거예요.

그런데 부르주아 국가가 '더러운 전쟁'이라는 별칭까지 얻은 알제리전쟁을 벌이고 있을 때 프랑스 공산주의자들은 어떤 선택을 했을까요? 이들이 더 나은 사회를 만들기 위해 침략 전쟁을 거부했어야 하지 않을까요? 하지만 국가 및 의회 등과 불가분의 관계를 맺고 있던 공산당의 입장은 애매하기 그지없었습니다. 공산당은 이 침략 전쟁을 찬성할 수 없었습니다. 왜냐하면 소련이 알제리의 독립 투쟁을 지지했기 때문이에요. 그렇다고 소련은 프랑스 공산당이 자국에서 완전히 고립되길 바라지도 않았습니다. 이들을 프랑스 제도권과의 연결고리로 이용하고 싶었던 것이지요. 소련은 나토 내에서 미국을 상대로 유일하게 자기주장을 펼칠 수 있는 콧대 높은 나라 프랑스를 필요로 했습니다. 드골 장군을 필두로 한 프랑스를 지지함으로써 나토를 분열시키려 했던 거예요. 소련은 드골 장군과의 관계를 호의적으로 가져가고 싶었고, 프랑스 공산당이 주류에서 멀어지는 것을 바라지도 않았던 겁니다.

이러한 상황에서 프랑스 공산당은 결국 아무것도 하지 않았습니다. 알제리전쟁에 찬성도, 반대도 표명하지 않았어요. 전쟁에 반대하는 가장 효과적인 방식은 징병 반대 운동이었습니다. 일단 징병이 되면 알제리에 가서 싸워야 했으니까요. 당시 마르세유 지역의 공장에서는 공산당의 영향력이 절대적이었습니다. 만약 공산당이 군대에 가지 말자고 주장했다면, 그런 공장의 청년들은 대부분 입대하지 않았을 거예요. 그랬다면 드골 정부에게는 상당한 골칫거리였을 테고, 프랑스 사회를 급진화시키면서 알제리의 독립운동가들에게 프랑스인에 대한 이미지를 환기시킬 수도 있었

1956년 헝가리 혁명 당시 부다페스트 시민들이 스탈린 동상을 참수해 길거리에 내던져둔 모습. 헝가리 곳곳에 있던 스탈린 동상들이 이때 파괴되었다.

을 겁니다.

그런데 공산당은 젊은 공산주의자들이 군대에 가서 반전, 반제국주의, 반미 사상을 선포해야 한다고 말합니다. 개별적으로 일부 당원들이 병역거부를 하긴 했지만, 당의 조직적 지원은 없다시피 했어요. 국가 체제에 안주해 있던 프랑스 공산당은 애국주의, 군사주의, 국가주의 담론에 전염되어 있었던 거예요. 이들은 프랑스가 벌인 침략 전쟁을 사실상 도와주고 있었던 겁니다.

알제리 독립 전쟁이 한창이던 1956년, 헝가리에서는 혁명이 벌어집니다. 이 혁명은 소련이라는 제국주의 열강의 보호국 신세가 된 헝가리 민족의 반발이자 동시에 일각에서는 헝가리 소비에트 기관의 실천을 통해 이뤄진 노동자 혁명이었어요. 하지만 소련은 이 혁명을 유혈 진압하고 헝가리를 철저하게 예속했습니다. 프랑스 지식인들은 공산당에서 탈당하는 등 이에 대한 반대를 표명했지만, 프랑스 공산당은 소련의 헝가리 침략을 노골적으로 지지하고 나섰습니다. 공산당의 도덕적 명분을 땅에 떨어뜨리는 행위였어요.

이는 한국의 일부 좌파 민족주의자들이 일반인의 상식으로는 납득할 수 없는 북한 지배자들의 행동을 지지하는 것과 같은 맥락일 겁니다. 프랑스에서는 스탈린주의적 범죄들이 폭로될수록 공산당의 입지가 좁아졌고, 1974년 솔제니친의 『수용소 군도』가 출간되면서 공산당원이 현저히 줄어들었습니다. 소련 지배층의 범죄가 폭로될수록 소련에 대해 객관적으로 비판하지 못하는 프랑스 공산당의 인기도 함께 하락하게 된 것이지요. 그런 면에서 프랑스 공산당의 헝가리 침략 지지는 자기 명분을 깎아먹는 자책골이었습니다.

급진화와 온건화의 갈림길에서 대중성과 문화정치의 가능성을 찾아서

1968년은 프랑스 공산당으로서는 치명적인 한 해였습니다. 이들은 거리로 뛰쳐나온 학생들을 지지하지 않았고, 철없는 아나키스트나 마오주의자라는 비난마저 서슴지 않았습니다. 학생들의 시위에 이어 노동자들이 총파업에 들어가자 공산당은 이를 지지한다며 당이 통제할 수 있는 노조를 총동원했습니다. 이후 정부와 협상을 벌여 노동자들의 임금 인상률을 높인 뒤 협상 타결을 발표함으로써 총파업을 무마시켰지요. 공산당이 단단한 땅을 뚫고 올라온 혁명의 싹을 잘라버리면서 스스로가 사실상 반혁명 정당임을 드러낸 겁니다.

공산당이 혁명에 관심이 없었던 것은 부르주아 질서 가운데서도 상당한 권력을 나눠 가질 수 있었고, 당내에서 대규모 노조의 관료들이 중간 간부로 있으면서 지도부보다 막강한 힘을 행사했기 때문인 듯합니다. 당시만 해도 프랑스 노조는 비민주적이었고 노조 간부도 간선제로 선출했어요. 일단 한번 간부가 되면 평생 간부를 할 수 있을 정도로 관료화되어 있었고, 이들은 관리자에 준하는 입지를 가지고 있었지요. 그래서 노동자들이 들고일어났을 때 자본의 편에서 문제를 조율하는 해결사 역할을 한 게 바로 노조의 간부들이었습니다. 이들은 학생들의 반란을 아이들이 까분다는 식으로 보았고, 혁명에도 호의적이지 않았어요.

또 하나 지적할 것은, 당시의 프랑스 공산당이 문화적으로 대단히 보수적이었다는 점입니다. 공산당은 학생들의 자유연애론이나 반권위 운동, 미셸 푸코Michel Foucault(1926~1984)가 벌인 죄수 인권 운동 등에 무관심했을 뿐만 아니라 이를 역겹게 여기기도 했습니다. 문화의 측면에서 보자면, 노조 간부들이 부르주아들보다, 공산주의자들이 드골주의자들보다 더 보수적이었지요. 이런 부분들이 각종 '포스트' 담론을 생산하는 이들에게 공산당에 대한 거부감을 키웠으며, 결국 이들이 공산당을 여전히 지지하는 노동계급으로부터 유리되는 효과도 낳았어요. 노동계급이라는 기반을 이탈한 '포스트' 담론들도 결국 보수화의 궤도를 따르게 되었고요.

1970년대까지만 해도 프랑스 공산당은 노조를 통해 상당한 영향력을 행사했지만, 명망 있는 지식인들은 하나둘 당을 떠나기 시작했습니다. 그중 대표적인 인물이 당 중앙위원이자 저명한 학자였던 로제 가로디Roger Garaudy(1913~2012)입니다. 그는 원래 기독교적인 신과 정의 개념을 공산주의적 계급투쟁 개념과 결부시키려 노력했던 일종의 종교적 공산주의자였습니다. 상당히 독특한 인물이었는데요. 공산당에서는 그의 시도를 전혀 받아들이려 하지 않았어요. 가로디는 공산당의 교조주의를 참을 수 없어 하며 1970년 당을 떠납니다. 소련으로서는 친소련적인 가로디의 탈당이 당혹스러웠지만, 그를 막을 순 없었어요. 이후 가로디는 이슬람에 매력을 느껴 이슬람 철학자로 명성을 얻었고, 반시오니즘 운동을 벌였지요.

1973년 이후 공산당은 사회당과 정치적 동맹 관계를 유지하면서 20퍼센트 안팎의 지지율을 유지해오다가 1981년 대선에서 사회당 후보였던 프랑수아 미테랑François Mitterrand(1916~1996)이 승리하면서 사회당과 함께 연립내각을 꾸립니다. 이로써 공산당은 프랑스 사회의 진정한 주류 세력이 되지요. 이때는 공산당이 관료화되는 피크였습니다.

그런데 사회당이 그간 진행했던 매우 온건한 국유화 정책마저 자본가들의 극심한 반대와 공장 해외 이전의 위협 등을 빌미로 포기하겠다고 선언합니다. 이에 공산당은 사회당과 뜻을 같이할 수 없다며 연립내각을 떠나지요. 이때 다시 공산당 내부가 시끄러워집니다. 한편에서는 그간 사회당과 합작해온 것에 대한 반대 여론이 일었고, 다른 한편에서는 사회당과 별반 다를 바 없는 공산당이 왜 필요한지에 대한 의문이 제기되었습니다. 공산당은 그간 사회당과 유사한 노선을 견지해왔는데, 정치적 압력단체가 필요하다면 공산당보다 힘이 센 사회당이 더 유리했던 것이지요. 공산당이 틈새를 찾고자 했다면 사회당보다 왼쪽으로 가야 했는데, 보수화된 나머지 사회당과의 경쟁에서 밀리고 만 겁니다. 좌파 정당은 너무 급진화되거나 고립되어서는 안 되지만 지나치게 온건해져도 안 돼요. 그럴 때 또 다른 온건한 정당들과의 경쟁에서 차별화가 되지 않는 것이지요.

이 논쟁이 최고조에 달한 것은 소련 몰락을 겪으면서였습니다. 사회주의보다 사민주의 노선을 택했어야 한다는 주장이 당내에서 우세해지는데, 이럴 때 공산당의 존재 가치가 무엇인지에 대한 의문이 들 수밖에 없겠지요. 결국 당은 온건화를 거듭하면서 표와 당원을 잃어갑니다. 2007년 대선 때는 대중성도 없고 카리스마도 보이지 않는 당수 마리 조르주 뷔페Marie-George Buffet(1949~)가 후보로 출마해서 고작 1.9퍼센트의 득표율을 기록했고요. 그 뒤로 공산당은 2017년 대선 때까지 독자적인 후보를 내지 못했고, 2017년 총선에서는 2.7퍼센트의 득표율을 얻는 데 그쳤습니다. 사상 최악이었지요.

그렇게 공산당이 급진적 정당이 되지도 못하고 온건한 사회당의 자리도 차지하지 못한 채 역사의 유물로 남아 있는 동안, 급진적인 정치의 틈새는 트로츠키주의자들로 채워졌습니다. 하지만 이들을 제대로 된 대안 세력이라고 보기는 어려워요. 트로츠키주의자들의 가장 큰 문제는 자신들의 적을 부르주아가 아닌 또 다른 트로츠키주의자로 상정한다는 점입니다. 체제와의 싸움보다는 내부 싸움이 훨씬 치열한 거예요. 마르크스주의적 교조주의를 모방한 듯한 정치 문화에서 해방되지 못한 것이지요.

프랑스에도 트로츠키주의 정파는 여럿입니다. 그중 노동자의 투쟁Lutte Ouvrière이란 정당은 자동차 기업인 르노의 노조원들 일부가 주도해서 창당했는데, 혁명가의 정당으로서 1968년 총파업을 주도한 정치단체 중 하나였고 급진적 노동자를 조직하는 데 많은 공을 세웠습니다. 득표율은 계속 줄어들고 있지만, 신조가 곧고 조직이 탄탄한 정파지요. 2002년 아를레트 라기에Arlette Laguiller(1940~)가 대선에 출마해 5.7퍼센트의 득표율을 얻어 유럽 정계를 놀라게 하기도 했고요.

1950년대에 노동자의 투쟁 당원들은 가명을 썼습니다. 경찰이 아니라 공산당원을 피하기 위해서였어요. 당시에 르노 노조는 공산당의 영향하에 있었는데, 공산당은 부르주아 국가보다 트로츠키주의자들을 더 싫어했습니다. 스탈린 치하의 소련에서 부르주아 자유주의자가 살아남을 순 있어도 트로츠키주의자가 살아남을 순 없었던 것과 마찬가지였지요. 프랑스 공산당원들은 노동자의 투쟁 당원들을 잡아다가 폭력을 행사하기도 하고 신문을 돌리지 못하게 하기도 했습니다. 직접적인 폭력 행사를 마다하지 않았어요. 그러했기에 노동자의 투쟁은 급진파 특유의 지하활동 문화를 가지고 있었습니다. 하지만 폐쇄성이 문제였어요. 이 정당은 입당 자체가 어렵습니다. 입당 허가를 받으려면 활동을 오래 해야 하고 당원들 사이에서 인정을 받아야 해요. 폐쇄적인 정치 문화가 유지되면서 세력을 넓히지 못한 채 대중화에 실패한 겁니다.

프랑스의 또 다른 트로츠키주의 조직으로 1974년에 창당한 혁명적 공산주의자 동맹Ligue Communiste Révolutionnaire이 있는데요. 노동자의 투쟁과 혁명적 공산주의자 동맹은 후보 단일화를 한 적도 없고, 그 외의 사안들에 연대를 하지도 않았습니다. 트로츠키에 대한 해석 차이를 빌미 삼아 적대적 관계를 이어갔지요. 두 정파는 계급적 성격도 다릅니다. 노동자의 투쟁이 활동가들의 조직인 반면, 혁명적 공산주의자 동맹은 젊고 급진적인 지식인과 학생 위주의 조직이에요.

혁명적 공산주의자 동맹에는 1968년에 젊음의 문화를 흡수한 열려 있는 트로츠키주의자들이 많았습니다. 대중성도 강했고, 젊은이들에게는 카리스마 있는 정당으로 각인되었어요. 이 조직 최초의 지도자는 러시아계 유대인 출신의 알랭 크리빈Alain Krivine(1941~)인데, 공산당 청년동맹에서 활동하다가 사회당과의 동맹에 반대해서 탈당한 후 혁명적 공산주의자 동맹의 리더가 됩니다.

이 정파 출신의 대표적인 인물은 우편배달부 출신의 올리비에 브장스노Olivier Besancenot(1974~)일 겁니다. 그는 지식인 가정에서 태어나 열네 살 때부터 공산주의 활동을 시작합니다. 유럽에서는 중·고등학교에서부터 정치 활동을 시작하는 게 일반적이지요. 브장스노는 우편배달부로 일하다가 노조를 만들어 노조 위원장까지 지냅니다. 대중성과 지성을 겸비한 인물이고, 트로츠키주의의 교조주의에 반발하여 자신은 트로츠키주의를 포기한 혁명가라고 말하기도 했지요. 그는 젊은이들에게 인기를 얻어 2007년 대선에서 25세 이하의 유권자들에게 14퍼센트의 표를 얻기도 합니다. 트로츠키주의자들 사이에서는 파격적인 일이었지요.

그런데 조직의 문제가 걸려 있는 상황에서는 브장스노의 개인적 카리스마도 해결의 실마리를 마련하지는 못했습니다. 그의 주도로 2009년 반자본주의 신당Nouveau parti anticapitaliste이 창당되었는데, 2012년과 2017년 대선에서는 고작 1퍼센트가량의 득표율만

2003년 2월, 파리에서의 이라크전쟁 반대 시위 때 함께 자리한 프랑스 트로츠키주의 정파의 리더들. 올리비에 브장스노(왼쪽)와 아를레트 라기에(오른쪽).

을 거두고 말았어요. 브장스노가 아닌 다른 후보가 출마했을 때는 브장스노의 개인적 인기가 득표로 연결되지 않았고, 반자본주의 신당에 가입돼 있는 각종 영세 이념 조직들도 서로 간의 차이를 극복하지 못한 채 일찌감치 분열의 조짐을 보였습니다. 지식인 활동가 위주로 구성된, 다소 폐쇄적이며 대중성 없는 조직들의 한계겠지요.

20세기에 프랑스에서는 좌파 정치가 대중화되면서 좌파들이 복지국가적인 질서 확립에 기여해왔습니다. 하지만 이들은 반체제적인 대중의 에너지를 기존 질서의 변화로 끌어내지 못했습니다. 오히려 체제에 반발하는 대중들을 무마하는, 체제의 기둥 역할을 해오기도 했지요. 트로츠키주의자들이 이런 한계에 유의미한 반발을 일으키곤 했지만, 특정 이념을 기반으로 하는 엄격한 위계질서적 조직들은 아무래도 소비주의를 지향하는 지극히 개인화된 사회에서 대중화에 성공하기가 힘들었어요.

또한 이 좌파들은 문화적으로 많은 측면에서 보수적이고 이론과 실천의 괴리를 보인지라 과연 자본주의 체제를 전복시킬 수 있을지 의문이 듭니다. 대중화를 고민하면서 동시에 의회정치를 넘어선 문화정치에 눈을 돌릴 필요가 있어요. 그러지 않으면 체제에 대해 제대로 된 공격을 해보지도 못한 채 수세에 몰릴 것이고, 체제의 변화를 바라는 대중들에게는 소극적 지지밖에 받을 수 없을 겁니다.

노동당과의 차별화에 실패하고 소련의 입장을 따르다 사그라든 영국 공산당

프랑스 좌파의 역사에 이어 우리에게 교훈을 줄 수 있는 사례는 영국 좌파의 역사가 아닌가 싶습니다. 영국을 대표하는 좌파로는 통상적으로 노동당이 거론되곤 하는데, 1900년에 창당한 노동당은 기존 체제에 대한 전폭적인 인정을 바탕으로 출발했기에 '혁명적' 좌파로 보기는 어렵습니다. 1920년대에 단기간 집권했을 당시, 노동당은 대영제국의 점진적 해체를 고려하겠다고 밝혔지만 실제로는 아무런 조치도 취하지 않았습니다. 차후에 본인들은 대영제국을 해체하려는 세력이 아니라 보존하려는 세력이라는 호언장담을 하기도 했지요. 노동당은 식민지 문제를 비롯해 전쟁 문제에 있어서도 이렇다 할 진보성을 보이지 않았습니다. 기존 체제 안에서 노동자들의 복지나 소득 수준을 소폭 향상시키는 정도를 고려했지요. 노동당에는 체제 전복을 위한 고민이 애당초 없었습니다.

체제에 대해 본격적으로 반발한 이들이 영국 공산당을 창당한 것은 1920년의 일입니다. 여기에는 레닌보다 급진적인 초좌파들이 여럿 모여들었는데, 1920년대에 초좌파는 상당히 인기가 있었습니다. 제1차 세계대전이 벌어진 후 진보적 대중들의 절망이 초좌파에 대한 관심으로 이어진 것이지요. 당시에 많은 진보주의자들은 하나의 커다란 도살장이었던 전쟁의 망령으로부터 벗어나지 못한 채 체제에 대한 깊은 회의와 절망을 안고 있었습니다. 이에 좌파적 공산주의자들은 체제에 복무하는 의회정치나 보수화된 노조에 뛰어드는 대신 바깥에서 체제 전복을 준비하자는 주장을 내놓지요.

레닌의 『공산주의에서의 좌익 소아병*Left-Wing Communism: an Infantile Disorder*』은 바로 이런 주장에 반발하며 펴낸 책입니다. 그는 이 책을 통해 언젠가 노동당이 노동계급 이익의 배반자라는 것이 폭로되면 대중이 공산당을 선택할 테니 그때를 대비해 대중을 의식화하면서 보수적인 노동당과도 전술적 관계를 맺어야 한다는 입장을 피력합니다. 영국은 근대적인 노조 문화의 발상지답게 노동계급이 노조를 통해 임금 인상과 같은 당면 과제를 해결했습니다. 그만큼 노동자들은 노동당에 강한 귀속 의식을 가지고 있었어요. 이런 상황에서 레닌의 주장은 전술적으로 옳을 수 있습니다. 하지만 의회정치에 참여하더라도 여타의 대안적인 문화적·사회적 실험들을 병행하지 않는다면 보수화와 관료화의 길을 걷게 되는 게 자명하므로 장기적으로는 위험성을 내포한 주장이었지요.

한편 일부 좌파적 공산주의자들은 공산당의 보수성에 반기를 들며 당을 떠나기도 했습니다. 그중 한 명이 급진적 페미니스트이자 여성의 참정권 쟁취 운동가 출신인 실비아 팽크허스트Sylvia Pankhurst(1882~1960)입니다. 그녀는 여성 참정권 운동을 벌이며 폭력 투쟁도 마다하지 않았던 에멀라인 팽크허스트Emmeline Pankhurst(1858~1928)의 딸로도 유명하지요.

팽크허스트는 공산당이 시시하고 대안적이지 못하다며 탈당했고, 이후 식민지의 피압박 민족 문제에 지속적인 관심을 표명하며 활동을 벌여 나갑니다. 1935년 이탈리아가 에티오피아를 침공하자 에티오피아 독립 투쟁을 적극 지지했으며, 에티오피아 문화와 예술에 관한 글들을 다수 발표하기도 했어요. 에티오피아가 해방된 뒤에는 아예 그곳으로 이주해 생애를 마쳤고요. 좌파적 공산주의자 중에는 팽크허스트처럼 독특한 인물들이 꽤 있습니다. 기존

1932년 영국 런던의 트래펄가 광장에서 인도에 대한 영국의 식민 정책에 반발하여 항의하고 있는 실비아 팽크허스트.

정치나 문화를 거부하고 낯선 데 심취한 이들이 상당히 많았지요.

1920년대에 공산당은 일각의 노동자들 사이에서 인기가 높았습니다. 1926년 총파업 때 노동당은 사실상 이를 방해했고, 보수적 노조들은 총파업을 이끄는 척하다가 배신하기도 했습니다. 하지만 공산당은 현장을 지도하면서 끝까지 총파업을 사수해서 몇몇 당원들은 감옥에 가기도 했어요. 이 과정에서 공산당은 탄광노조의 확고한 지지를 얻습니다. 1980년대에 탄광 노조가 총파업에 실패하기 전까지 공산당에 대한 이들의 지지가 지속되지요.

한편 스탈린 치하의 소련이 영국 공산당에 개입해 들어오면서 당에 위기가 닥쳐옵니다. 1929년 영국에서는 노동당 세력이 우세한 가운데 공산당이 자기 나름의 지지 기반을 갖고 있었는데, 영국과 소련의 관계가 악화되자 스탈린은 영국 공산당에 적색 노조를 만들라는 지령을 내립니다. 영국 노동당이 파시스트의 별동대이므로 노동당의 영향하에 있는 노조와 함께할 수 없으니 개량주의적 노조에서 탈퇴하여 새로운 노조를 결성하라는 것이었어요.

이 지령의 효과는 가히 파괴적이었습니다. 영국은 뿌리 깊은 노조 문화를 가지고 있었기에 노동자들은 노조에 공고히 귀속돼 있었습니다. 애당초 노조가 없던 당대의 조선에서야 적색 노조를 만드는 것이 얼마든지 가능하고 합리적이었지만, 영국 같은 곳에서는 새로운 노조를 만들어 헤게모니를 잡는 것은 불가능에 가까운 일이었어요. 결국 적색 노조를 만드는 작업은 실패하고 말지요.

제2차 세계대전 발발 이후 소련의 행보는 프랑스 공산당과 마찬가지로 영국 공산당도 난처하게 만들었습니다. 영국과 파시스트 독일의 전쟁이 시작된 1939년에 소련은 독일과 우호적인 관계를 맺고 있었어요. 이에 영국 공산당은 노동계급이 이 제국주의적 전쟁에서 중립을 지켜야 한다며 영국 정부를 비판하고 전쟁에 반대하는 입장을 표명했습니다. 하지만 1941년 6월 22일 독일이 소련을 기습 공격하면서 독소전쟁이 발발하자 영국 공산당은 바로 180도 입장을 바꿉니다. 사회주의 국가 소련과 파시스트 독일의 전쟁에서 소련의 보위를 위해 온 힘을 바쳐야 한다고 주장하지요. 또한 영국이 소련의 동맹국이 되면서부터 영국 정부를 옹호하는 입장으로 돌아섭니다. 이는 영국 공산당이 전쟁 자체를 반대하는 것이 아니라 소련에 불리한 전쟁을 반대하고 소련에 이득이 되는 전쟁을 지지한다는 사실을 보여준 것이지요.

제2차 세계대전 당시에 영국 공산당의 꼴은 말이 아니었습니다. 이들은 전시 파업 불가론을 내세우면서 파업하는 노동자들을 진압하는 데 앞장섰어요. 공산당으로서는 도저히 있을 수 없는 일이었지요. 또한 당시에 소련의 스탈린과 영국 보수당 지도자였던 윈스턴 처칠Winston Churchill(1874~1965)이 꽤 호의적인 사이였는데, 영국 공산당은 보수당이 후보를 냈지만 공산당은 후보를 내지 않은 지역구에서 노동당이 아닌 보수당 후보에게 표를 몰아주었습니다. 처칠이 스탈린의 친구인 이상 그가 보수당 후보일지라도 기꺼이 밀어줄 수 있다는 게 공산당의 입장이었지요.

그럼에도 불구하고 독소전쟁에서 영국과 동맹한 소련이 승리하자 노동자들 사이에서는 공산당의 위상이 높아졌습니다. 1950년 전후에는 탄광, 전기, 엔지니어 노조 등을 비롯해 사회 비판적 지식인들의 지지로 6만여 명의 당원을 거느린 정당이 되지요. 그렇다 하더라도 노동당이 받고 있는 전통적인 지지를 넘어서진 못했고, 유럽에서 공산당 활동이 가장 활발했던 프랑스와 비교하면 당원 수도 12분의 1 수준이었습니다. 노조 간부 입장에서는 정당에 의석이 많아야 로비에 이로운데, 공산당보다는 노동당 쪽이 훨씬 매력적으로 보였지요. 지식인들이 중시했던 외교와 전쟁 문제에 대해서는 노동당이 영국의 국익에 매달렸다면 공산당은 소련에 매달려 독자성을 보여주지 못했고요.

1956년 벌어진 헝가리 혁명은 영국 공산당에게 상당히 치명적인 사건이었습니다. 영국 공산당의 특파원으로 헝가리에 주재했던 피터 프라이어Peter Fryer(1927~2006)는 혁명이 터지자 이를 취재하는데요. 혁명 초반에는 영국 공산당 기관지에 프라이어의 글이 연재되지만, 소련이 헝가리 혁명에 개입하면서부터 연재를 이어가지 못합니다. 이 혁명이 사회주의 혁명임을 알아챈 그는 이후 부르주아 신문에 소련 군대에 저항하는 애국적 헝가리 민중의 혁명 이야기를 게재하지요. 프라이어는 본인의 눈앞에서 일어난 혁명을 취재해야 한다는 사명감이 있었어요. 지금까지도 그의 글은 헝가리 혁명에 대해 신뢰할 만한 사료로 간주되고 있습니다.

하지만 프라이어는 반소련 분자를 동정했다는 이유로 소련 군대에 의해 헝가리에서 추방되었고 영국 공산당으로부터는 출당을 당합니다. 그날 이후 영국 공산당은 지식인 사회에서 영향력을 상당히 잃어버렸고, 많은 지식인들도 공산당을 떠나지요. 레닌 혁명에 대한 향수로 공산당에 남아 있던 유명 사학자 에릭 홉스봄Eric Hobsbawm(1917~2012)을 제외하고, 그의 동료들은 거의 공산당에게 등을 돌립니다. 자연스레 공산당은 급격히 세력이 줄어들었고요. 외세에 대한 추종, 맹종, 묵종은 진보 정당이 피폐화되는 길입니다. 진보 정당의 명분을 스스로 소멸시키는 일이에요.

1960년대 이후 공산당은 혁명성을 완전히 잃고 노조 간부에 의해 좌지우지되는 정당이 되고 맙니다. 1960년대 후반의 급진적인 학생 반란이나 1970년대의 반군사주의 투쟁에 목소리를 내지 못하는 등 당대의 이슈를 거의 놓치면서 결국 소련이 몰락했을 때 함께 몰락하지요.

공산당보다 훨씬 힘이 센 라이벌이었던 노동당은 몰락이야 하지 않았지만, 소련의 해체와 신자유주의 시대의 도래와 함께 끔찍할 정도로 우경화되어버립니다. 노동당은 '제3의 길'을 내세우며 1997년부터 2010년까지 집권했는데, 결국 그 '제3의 길'은 신자유주의적인 대기업 지배와 아주 약간의 복지 지출 증가라는 '작은 당근'의 조합을 의미했어요. 신자유주의적 단기 이익 중심의 구조는 결국 2008년 이후 새로운 공황을 낳았고, 노동당도 그 후로는 오래 버티지 못해 권력을 내놓아야 했습니다. 또한 집권 기간에 영국이 미국의 이라크 침략에 가장 적극적인 공범으로 가담하는 등 영영 부끄럽게 기억될 행각들을 대내외적으로 많이 벌였습니다. 단, 공황과 노동계급 상황의 대대적인 악화로 인해 노동당 당원들은 상당한 급진화가 이루어졌습니다. 그 결과 2015년에 전통적인 사회 개혁주의적 좌파인 제러미 코빈Jeremy Corbyn(1949~)이 노동당 당수로 취임했어요. '제3의 길'이 상징하는 극단적인 우경화는 이렇게 해서 다소 수정된 셈이지요.

그런데 한때 영국 공산당에 몸담았던 지식인들 중에서 전향 후

보수주의자나 극우파가 된 이들이 많은 점은 상당히 흥미롭습니다. 영국 공산당원 출신의 역사학자 로버트 콘퀘스트Robert Conquest(1917~2015)가 대표적인 예일 텐데요. 대학 시절 공산당에 가입한 후 공산주의에 희망을 품었지만, 결국 공산주의를 저버리고 극우로 전향합니다. 사회주의 국가였던 불가리아에서 3년간 체류하면서 소련을 완전한 적으로 돌려버리지요.

이후 콘퀘스트는 슬라브 연구의 연장선상에서 소련에 대한 많은 책을 집필합니다. 1968년에 출간된 『공포의 시대*The Great Terror*』는 스탈린 숙청에 대한 최초의 본격적인 대중적 연구서인데요. 그는 스탈린의 숙청을 레닌 사상의 진정한 계승으로 평가하면서 레닌주의를 학살주의적 정치철학이라고 혹평합니다. 열렬한 공산당원이 열렬한 반공주의자가 된 것입니다.

전향의 또 다른 예로 영국의 일간지 《가디언》의 칼럼니스트이면서 이라크 침략을 열렬히 지지했던 데이비드 에러너비치David Aaronovitch(1954~)를 들 수 있습니다. 그 역시 공산당원 출신이지만 전향하여 '제3의 길' 신봉자가 되었지요. 자본주의나 민주주의, 민중성 등에 대한 기본적인 성찰 없이 급진 정치에만 매몰되었던 이들은 그 환상이 깨지면 극우파로 전향하곤 합니다. 한국의 우파 지식인들 중에서도 그런 이들이 꽤 있지요. 전체주의적인 문화라는 측면에서 극좌와 극우는 이렇게 통하는 걸지도 모릅니다.

좌파 정당의 한계를 넘어서
외부 세력과의 연대를 모색하며

영국에서는 공산당이 지리멸렬해진 뒤 노동당이 코빈이 등장한 최근까지 좌측으로 방향을 선회한 적이 없습니다. 그렇다면 영국에 남은 좌파는 누구일까요? 바로 트로츠키주의자들이었습니다. 영국에는 현대의 트로츠키주의자들 가운데서 가장 과감하게 트로츠키주의를 수정한, 토니 클리프를 따르는 클리프주의자들이 있었습니다. 정통 트로츠키파가 아닌 '방계' 트로츠키파이지요.

민노당 시절의 다함께, 지금의 노동자연대가 바로 클리프주의자들인데, 이들은 1990년대 초반에 클리프의 이론을 국내로 수입하면서 형성된 그룹이지요. 이는 한국에서 좌파 사상이 일본을 거치지 않고 국내로 유입된 흔치 않은 사례입니다. 근대 문화 번역이라는 차원에서 기존의 일본어 중역 문화를 깨트린 상당히 재미있는 경우이지요..

토니 클리프는 러시아계 유대인인데, 마르크스처럼 조국이 없는 사람이었습니다. "프롤레타리아에게 조국은 없다"는 마르크스의 문구에 딱 들어맞는 사람이에요. 자의 반 타의 반이었지만, 마르크스 자신도 '조국 없는 삶'을 몸소 실천했지요. 마르크스는 독일 국적이 소멸된 뒤 영국 국적을 신청했지만, 그에 대한 감시를 맡았던 경찰청장이 상부에 그를 위험한 아나키스트라고 보고

하면서 허가가 나지 않았어요.

토니 클리프의 본명은 이가엘 글룩스타인Yigael Gluckstein으로 팔레스타인에서 태어났고, 부모는 좌파적 시온주의자였습니다. 하지만 시온주의에 회의를 느낀 그는 이스라엘의 독립을 앞두고서 영국으로 갑니다. 억압적인 영국의 이민법 때문에 클리프는 체류 허가를 얻지 못하고 추방당한 뒤 영국 시민권자인 그의 동거녀 덕분에 다시 영국으로 들어올 수 있었습니다. 이스라엘 건국 직전에 나라를 떠났기 때문에 그는 이스라엘 사람도 아니었고 러시아와도 관계가 없었으며 영국에서도 시민권을 갖지 못한, 말 그대로 국적 없는 사람이었습니다.

클리프는 영국 좌파들 사이에서 한국전쟁에 대해 어떤 입장을 표명할지가 주요 현안으로 대두되자 유명한 말을 남깁니다. "워싱턴도 아니고 모스크바도 아니다Neither Washington Nor Moscow." 김일성 정권은 국가자본주의를, 이승만 정권은 정통 자본주의를 추구한다는 차이만 있을 뿐 궁극적으로는 같은 체계를 추구한다는 것이었어요. 팔레스타인에서 스탈린주의자들의 행태를 목격했던 클리프는 소련에 대해 처음부터 비판적인 입장을 취해왔는데요. 한국전쟁에 대해 한국 민중을 놓고서 방향만 다르되 추구하는 바가 똑같은 두 세력이 벌이는 싸움으로 간주한 겁니다.

클리프주의자들에게 한국전쟁은 정통 트로츠키주의의 입장을 탈피하는 결정적인 계기였습니다. 정통 트로츠키파는 소련이 타락하긴 했지만 노동자 국가라는 이유로 김일성에게 더 호감을 갖고 있었어요. '타락한 노동자 국가'든 아니든 간에, 북한 초기의 민주개혁, 즉 토지개혁과 8시간 근무제 도입, 문맹 퇴치, 무상의료 도입 준비 등을 보면 좌파로서 얼마든지 합리적으로 북한에 대한 동정적 입장을 취할 수 있겠지요. 하지만 클리프는 궁극적으로 김일성이 자본가가 아닌 국가가 주체가 되는 자본 축적과 확대 재생산에 아무런 대안도 제시하지 못하고 있다고 주장했습니다. 소련을 비롯해 동유럽 국가들도 국가자본주의를 추구한다며 비판적으로 바라보았고요.

이들은 1950년 토니 클리프를 중심으로 사회주의자 리뷰 그룹 Socialist Review Group을 결성했다가 1977년 사회주의 노동자당을 창당하면서 지속적으로 급진적 좌파 활동을 벌입니다. 사회주의 노동자당은 초기에 일부 노조 활동가들이 참여하긴 했지만 실제로는 당원 수가 많지 않은 지식인 위주의 정파입니다. 하지만 공산당이 지리멸렬해지고 노동당이 보수화된 상황에서 영국 좌파의 명맥은 이들과 같은 비판적 마르크스주의자들로 이루어진 소수 그룹들이 유지하고 있다고 봐야 할 거예요.

사회주의 노동자당에는 온갖 장단점이 뒤섞여 있습니다. 저는 소련에 대한 클리프의 분석이 예리했지만, 정곡을 찌른 것만은 아니라고 봅니다. 소련이 사회주의 국가가 아니라는 거야 뻔한 이야기인데, 국가가 자본·노동시장을 관료제를 통해 대체하면서 축적

1986년 사회주의 노동자당 행사에서 연설을 하고 있는 토니 클리프. 그는 정통 트로츠키주의를 비판적으로 수정해서 영국에 정착시킨 인물이다.

의 유일무이한 주체가 되는 상황을 '국가자본주의'로 지칭하기에는 무리가 있지요. 박정희식 관치 자본주의, 즉 국가가 지배·관리하는 자본의 세계를 '국가자본주의'라고 한다면, 소련과 같은 형태의, 자본이 아닌 오로지 국가에 의존하는 개발을 저는 차라리 '적색 개발주의'라고 부르려 합니다. 이는 박정희의 방식 혹은 그가 착안했던 1932~45년 사이의 만주국 내지는 일본식 관료 주도의 국가자본주의 방식과는 상당히 다르고, 여러 가지 측면에서 훨씬 민중 친화적이지요.

이처럼 '국가자본주의'에 대한 이야기는 좀 무리가 있어 보이지만, 사회주의 노동자당의 전술적 측면은 꽤 뛰어난 점이 있다고 생각합니다. 예를 들면 사회주의 노동자당은 이슬람 이민자 단체와 함께 경의의 연합Respect Coalition이라는 연대체를 만들어서 이라크전쟁에 반대하는 노동당 출신의 급진주의자 조지 갤러웨이George Galloway(1954~)를 국회의원으로 만들기도 했어요. 미국에 의해 희생되고 있는 이슬람 세력을 받아들이고 활용한다는 것은 결코 쉬운 일이 아니지요.

2004년에 프랑스에서는 학교에서 히잡을 쓰지 못하게 하는 악법이 제정되었습니다. 표면적으로는 공화주의적 세속주의를 정립하기 위해서라고 주장했지만, 실제로는 이슬람 세력에 타격을 가하려는 서구 중심적 발상에서 비롯된 일이었습니다. 부끄럽게도 프랑스의 트로츠키주의 정당인 노동자의 투쟁에서는 히잡이 이슬람 여성에 대한 이슬람 남성의 억압이라는 이유로 이를 지지했어요. 이슬람에 대한 오리엔탈리즘적 거부감을 가지고 있었던 겁니다. 프랑스에서 이슬람 출신 젊은이들이 폭동을 일으킨 것은 좌파들이 조직 사업을 못했기 때문이기도 합니다. 프랑스 좌파들은 이슬람 세력을 상대하지 않았어요. 이와 비교해보면 영국의 클리프주의자들은 이슬람 세력과 모범적으로 연대하고 있는 것이지요.

클리프주의자들은 입장도, 발언도 시원시원합니다. 영국이 이라크전쟁에 참전했을 때 사회주의 노동자당은 영국군에게 총을 겨누고 있는 이라크 독립군을 지지한다는 입장을 공개적으로 표명합니다. 이는 영국에 거주하는 이슬람 출신들에게 용기를 북돋

워주는 발언이었습니다. 물론 사회주의 노동자당의 교조라 할 수 있는 '국가자본주의' 관련 담론은 소련의 역사적 경험을 더 긍정적으로 평가하는 많은 동구권 출신들에게 반감을 안겨주었습니다. 그래도 이 당은 여타의 트로츠키주의 정당과 비교하면 덜 교조적입니다. 노동자의 투쟁 등에 비해 입당도 쉽고 비교적 대중적이에요.

그렇지만 사회주의 노동자당이 조직 문화의 폐단을 극복했다고 보기는 어렵습니다. 토니 클리프를 받들면서 그의 사상에 대한 집착을 보이기도 했고요. 지도자에 대한 집착은 당내에서 그의 사상에 대한 공개적인 비판을 어렵게 했고, 지식인들 사이에서 정당에 대한 호소력을 떨어뜨리는 요소로 작용했습니다. 내부 의견 그룹을 불허하는 방침 때문에 토론이 어려워지자 도리어 내부 분열의 가능성이 커지기도 했고요. 또한 이슬람 단체와의 연대는 잘하지만 다른 좌파들과의 연대에서는 아쉬움이 남습니다. 각자 정파의 신조를 비롯해 역사적으로 누적된 수많은 분열적 요소가 쌓여 좌파들끼리 연대를 하지 못하고 있는 것이지요.

거기에다가 사회주의 노동자당은 2010년 한 고위 당원이 여성 평당원을 성폭행했음에도 당이 이를 제대로 처벌하지 못한 채 고위 간부의 보호에만 급급하는 모습을 보였습니다. 가부장적이며 위계서열적인 모습을 보였다는 혐의를 벗기 어려워졌지요. 한국에서도 원칙상 남녀평등과 수평적 조직을 내세워야 하는 좌파가 실천에서 정반대의 모습을 보일 때가 종종 있는데, 이런 경우에 그 존재 명분은 치명타를 입게 됩니다. 이론이 아무리 훌륭해도 조직 문화는 여전히 20세기 초반 수준이라는 사실이 외부에 알려지게 되니까요.

자본주의가 안정화된 유럽에서는 여타의 국가들에 비해 좌파 정당이 기초적인 대중 조직화나 일상적인 투쟁을 잘하는 편입니다. 하지만 좌파와 의회 정당이 잘 들어맞지 않는 점은 여전히 풀어야 할 숙제로 남아 있습니다. 의회 정당을 만들어 활동하면 좌파성이 소멸되는 것을 피하기 어려웠던 겁니다. 물론 좌파의 정당 활동은 계속되어야 합니다. 하지만 정치에만 주목하는 경직된 모습을 지양하면서 국제 정치, 문화, 생태와 같은 다양한 담론과 관련해 이슈를 만들고 투쟁하면서 대안을 제시해나가야 합니다. 즉 정당이 정당 바깥의 운동과 연계해가며 복합적인 대중운동의 가능성을 모색할 필요가 있습니다.

한국의 진보 정당들은 그 나름의 노력에도 불구하고 유럽의 좌파 정당들이 범해온 오류를 답습한 측면이 있습니다. 한국 사회가 장기 보수화된 데는 좌파들의 무능력도 한몫을 하고 있지요. 물론 이 보수화의 주범은 민주와 진보라는 이름을 전유했다가 1998년부터 2008년까지의 집권 기간 동안 헐값에 팔아버린 우파 자유주의자들이긴 하지만요. 일본의 경우에는 사회당의 몰락과 함께 공산당의 무능력이 장기 보수화의 원인이 된 듯합니다. 공산당이 다른 식으로 활로를 모색했더라면 일본의 역사가 지금 같지는 않을 거예요. 한국의 좌파들은 그러한 과오를 읽어내면서 거기서 벗어날 수 있는 가능성을 모색해야 합니다. 아직 늦지 않았습니다.

5강

아시아에 밀어닥친 러시아 혁명의 물결

▼ ▼ ▼

1980년대 한국에는 반공주의가 팽배해 있었지만, 이에 대한 반대급부로 반공주의의 금지 대상에 대한 관심도 컸습니다. 하지만 1990년대 초반에 소련과 동구권이 몰락하고 북한 역시 약체화된 후에는 공산주의에 대한 관심조차 사그라들어 엉터리 한자 조어로 말하면 '멸공주의蔑共主義'가 자리 잡은 듯합니다. 공산주의를 소멸시킨다는 '멸공滅共'이 아니라 이를 멸시한다는 '멸공蔑共' 말입니다. 즉 공산주의를 하나의 실패한 역사적 프로젝트로 치부하고 멸시의 눈으로 바라보는 게 일반적인 시선 같아요. 그만큼 공산주의에 대한 관심도 사라졌고요.

그런데 실제로 우리는 공산주의의 덕을 꽤 봤습니다. 예를 들면 일제에서 해방된 뒤 이승만 정권이 실시한 토지개혁은 김일성 정권에서 먼저 하지 않았더라면 시도되지 않았을 겁니다. 민주당도 이승만 정권도 원치 않았지만, 북한이 했으니 다른 방식으로나마 남한도 해야 했던 거예요. 남북한의 체제 경쟁은 이때부터 시작되었는데요. 북한에서는 남한보다 4년 전에 무상몰수, 무상분배라는 매우 급진적인 방식으로 토지개혁이 이뤄졌습니다. 이는 오랫동안 공산주의 운동이 요구해왔던 것이었고, 러시아 혁명 때의 토지개혁을 전례 삼아 이뤄진 것이지요. 간접적으로 남한이 그 덕을 조금 본 것이고요.

박근혜 정권이 그토록 찬양했던 새마을운동의 경우 거슬러 올라가면 일제강점기의 농촌 진흥 운동 등 여러 갈래의 원류가 있는데, 그 외에 또 하나로 협동화된 북한 농촌과의 경쟁 심리를 들 수 있습니다. 박정희 정권에서 실시한 경제개발 5개년 계획의 본류도 1920년대 후반 소련에서 시행된 같은 이름의 계획이지요. 소련의 경제개발 5개년 계획이 만주국과 전후 일본, 그리고 북한을 거쳐 남한에 들어온 걸 겁니다.

또한 1925년 소련과 일본의 수교 이전에 초기의 상해임시정부를 인정하고 교류한 유일한 나라가 바로 소련이었습니다. 중국 국민당도 상해임시정부와 교류했지만, 그때만 해도 국민당은 아직 중국 정부는 아니었지요. 상해임시정부는 대한민국의 법통에 해당할 텐데, 그런 정부를 인정해준 게 혁명의 나라였던 거예요. 이런 식으로 우리는 알게 모르게 러시아 혁명과 역사적으로 불가분의 관계를 맺고 있었습니다.

아시아 각국에 깊이 드리운 혁명의 기운과 영향

20세기의 아시아 역사에는 러시아 혁명의 영향력이 짙게 드리워 있습니다. 중국이나 북베트남에 러시아 혁명이 미친 역할은 말할 것도 없고요. 단적인 예로, 인도의 독립운동 하면 마하트마 간디 Mahatma Gandhi(1869~1948)가 먼저 떠오르겠지만, 이와 함께 공산주의자들이 수병을 조직해서 일으킨 반란이 인도 독립의 결정적 계기가 되었습니다. 영국은 이 반란을 목도하면서 인도를 독립시키지 않으면 더 이상 식민 통치가 불가능하리라는 것을 알게 되지요. 또 다른 예로 이라크와 시리아에서 집권하며 세력을 넓혀왔던 바트당의 활동을 들 수 있습니다. 바트당은 공산당과 경쟁했던 강경 민족주의 정당인데, 공산주의의 전례라는 변수 없이는 성립되지 않았을 거예요. 국가 주도의 개발 구상도, 바트 계통의 민족주의자와 공산주의자들이 공유해왔지요. 물론 지금은 미국이 열심히 이들을 압박하고 있거나 소멸시켜버렸지만요.

그렇다면 러시아 혁명은 어떻게 아시아에 지대한 영향을 미칠 수 있었던 걸까요? 아마도 러시아의 특수성을 이해해야만 그 실마리가 잡힐 겁니다. 당시의 제정러시아는 천국과 지옥이 공존하는 국가였습니다. 외부적으로는 일급 열강으로 통했고 군사력도 막강했으며 엘리트 문화는 세계적인 매력을 가질 만큼 번성했지요. 하지만 산업적 측면에서 이 나라는 무척 허약했습니다. 생산량 자체가 다른 제국주의 열강에 비해 적었고, 1인당 생산량은 미국, 영국 등과 비교 자체가 불가능할 정도였어요. 제정러시아의 1인당 철강 생산량은 1913년을 기준으로 미국의 11분의 1, 영국의 31분의 1 수준이었습니다. 대다수의 제정러시아 민중들은 그야말로 '헬 러시아'에서 살아야만 했지요.

혁명 직전에 러시아의 농업 인구가 76퍼센트가량 되었는데, 이들은 대부분 밑바닥 생활을 했습니다. 혁명이 아니면 탈출구가 없다고 여길 정도로 극심한 빈곤에 허덕이고 있었지요. 참고삼아 말하자면, 조선이 일제로부터 해방되었을 때의 농업 인구 비율이 대략 이 정도였습니다. 사회구조적으로 보면, 제정러시아 말기와 조선의 식민지 말기가 상당히 유사하지요. 유아 사망률도 거의 비슷했고요.

마르크스주의의 관점에서는 외국자본의 비율을 주목해서 살펴볼 필요가 있는데요. 현재 한국 재벌이나 은행의 경우, 경영권은 한국인이 확보했더라도 외국자본이 상당 부분 이들 기업에 투자를 하고 있지요. 제정러시아는 공업 부문 전체 불입자본에서 외국자본의 비율이 47퍼센트에 달할 정도였습니다. 특히 기술 집약적 신흥 공업 부문에서는 외국자본의 비율이 절대적이었어요. 서구 열강에 비해 외국인 투자 의존도가 높아서 그만큼 대외 종속적일 수밖에 없었지요. 물론 남한도 외국자본을 통해 급속하게 개발됐지만 차관 도입을 통한 것이었던 데 반해 러시아는 외국자본이 직접투자를 했고요.

정치적 의미에서 식민지는 아니었지만, 극단적인 사회 모순 및 빈곤 타파와 자주적 근대화의 모색은 제정러시아의 시급한 과제였습니다. 빈곤은 사람들의 코앞에 닥친 가장 시급한 문제였는데, 이를 해결하려면 농민들에게 토지를 분배해야 했어요. 다수에게 좋은 사회를 만들기 위해서는 당연히 종속 경제의 문제를 넘어서야 했고요.

당시의 아시아 상황 역시 이와 유사한 측면이 있습니다. 그러했기에 아시아의 민중 내지는 혁명적 지식인들이 러시아를 여타의 서구 열강보다 가까운 존재로 여겼던 것이고요. 그래서 러시아 혁명에 주목했고, 혁명이 일어난 뒤에는 그 혁명을 뒤따라야 한다고 생각했을 거예요. 이외에 러시아가 이란, 중국, 조선 등과 국경을 접하고 있다는 점도 혁명이 아시아로 전파되는 데 중요한 원동력이 되었을 겁니다.

아시아에 러시아 혁명이 영향을 미쳤다고 할 때 1917년의 혁명만을 떠올릴 수 있는데, 1905년에 벌어진 제1차 러시아 혁명 역시 아시아에 커다란 반향을 일으켰습니다. 제1차 러시아 혁명은 전제 왕권에 대한 반대를 비롯해서 농민들은 토지를, 노동자들은 빈곤 해결과 민주 노조 결성의 자유를 요구하는 목소리가 한데 묶여서 터져 나온 것이었습니다. 러시아인 외에 다른 민족들의 자치나 독립 요구가 여기에 결합되었지요.

식민지로 전락해가고 있던 대한제국만 해도《대한매일신보》와《황성신문》 등에서 제1차 러시아 혁명을 열성적으로 보도했습니다. 이때 민족 독립을 위해 싸웠던 폴란드나 핀란드 이야기를 매우 열심히 보도한 점은 상당히 이채롭습니다. 당시에는 폴란드를 한자 음차로 표기해서 파란국波蘭國이라고 불렀는데, 대한제국 시절에는 파란국에 대한 책들이 엄청나게 잘 팔렸어요. 멸망해가면서도 싸움을 벌인 파란국 이야기에 대한제국 사람들이 감정이입을 한 것이겠지요.

제1차 러시아 혁명에 관심을 가졌던 것은 조선만이 아니었습니다. 일본에서는 이에 대해 조선보다 더 많은 보도가 이어졌고요. 특히 일본에 거주하고 있던 중국 혁명가들이 이 혁명에 촉각을 곤두세웠습니다. 차후에 중화민국을 세웠던 쑨원孫文(1866~1925)을 비롯해 황싱黃興(1874~1916), 쑹자오런宋敎仁(1882~1913) 등은 1905년 도쿄에서 중국혁명동맹회를 결성하고《민보民報》라는 잡지를 발간했는데요. 이 잡지를 살펴보면, 중국 혁명가들이 얼마나 열성적으로 러시아 혁명을 배웠는지 알 수 있지요.

특히 쑨원은 러시아의 망명 혁명가들과 사적으로도 친분이 있었는데, 제1차 러시아 혁명을 참조해서 삼민주의三民主義를 주창합니다. 삼민주의는 민족의 독립 추구, 민중의 권리 획득과 함께 민중의 빈곤 해결을 주장한 것인데, 이때 민중의 빈곤 문제는 토

쑨원이 주창한 소박한 사회주의는 러시아 인민주의 혁명가들의 생각과 상당히 유사했다. 1924년 광저우에서 집무를 보고 있는 쑨원의 모습.

지 국유화를 통해 모든 이들이 평등하게 토지를 사용할 수 있도록 함으로써 해결하려 합니다. 이와 같은 쑨원의 소박한 사회주의는 1905년 러시아 인민주의 혁명가들의 생각과 상당히 흡사했지요. 레닌이 쑨원을 러시아 인민주의자들과 비교하곤 했는데, 그게 무리한 비교는 아니었어요.

쑨원은 이후 세력을 키워서 1911년 신해혁명을 일으키는데, 이 혁명을 통해 청나라가 멸망하지만 실제로 이긴 것은 쑨원의 세력이 아니라 여러 지역의 군벌들이었습니다. 중국이 민주화되었다기보다는 군벌들이 지배하는 작은 소국으로 찢어진 것이지요. 레닌의 혁명이 성공하고 난 뒤 소련은 쑨원을 중심으로 한 국민당을 원조합니다. 이를 바탕으로 국민당이 북벌을 진행하면서 비로소 중국이 통일되지요. 이처럼 러시아의 혁명과 중국의 혁명은 떼려야 뗄 수 없는 관계를 맺고 있었습니다.

중국만큼이나 제1차 러시아 혁명이 강타했던 곳은 페르시아였습니다. 이 나라는 1935년 국호를 이란으로 바꿔서 현재까지 이어져 내려오고 있지요. 이란에서의 혁명이라고 하면 1979년의 이슬람 혁명이 가장 먼저 떠오르겠지만, 실제로 이란은 아시아에서 가장 먼저 민주 혁명이 일어난 나라입니다. 조선 신문에서도 당시에 파사국波斯國이라고 불린 페르시아에서 1905~11년 사이에 벌어진 혁명을 상세히 보도했어요. 그 당시의 조선 지식인들은 세계화 시대라는 지금보다 더 가까이 아시아를 생각하면서 이들 나라에서 벌어지는 문제에 주목했습니다.

페르시아가 제1차 러시아 혁명의 영향을 많이 받았던 건 러시아와 국경이 가까워서이기도 했어요. 러시아에서 혁명에 참여했던 페르시아 사람들이 자국으로 돌아가서 다시금 혁명에 참여한 것이지요. 페르시아 혁명가들은 입헌주의를 통해 전제 왕권을 제한하면서 열강의 간섭이 중지되기를 바랐는데, 수년간의 싸움이 지속되다가 결국은 영국과 러시아 등 열강의 간섭과 혁명 세력의 대중적 기반 부족으로 혁명의 불길이 사그라들고 맙니다.

한편 제1차 러시아 혁명의 자극을 가장 재미있게 적용한 나라는 인도입니다. 인도는 이 혁명의 여러 측면 가운데서 정치적 암살주의를 깊이 받아들입니다. 한국에서 2015년 개봉한 영화 〈암살〉의 분위기를 짐작하시면 될 거예요. 제1차 러시아 혁명 당시 러시아에는 암살주의로 기우는 혁명가들이 많았는데, 인도에서는 이를 전례 삼아 영국 지배자들에 대한 암살 캠페인이 벌어집니다. 1905년 이후에 특히 벵골 지방의 캘커타를 중심으로 활발한 활동이 이어지지요.

이처럼 제1차 러시아 혁명은 아시아의 여러 나라에 다양한 영향을 미쳤습니다. 하지만 그보다 더 큰 영향을 미친 것은 1917년의 러시아 혁명이지요. 이는 우연만도 아니고 러시아와 아시아 국가들의 상황이 흡사해서만도 아니었습니다. 여기에는 러시아 혁명가들의 전략이 개입되어 있었어요.

러시아 혁명가들은 일국에서의 혁명이 아닌 세계 혁명을 바랐습니다. 마르크스와 엥겔스는 산업화된 핵심부 국가들이 혁명의 중심이 되리라고 보았지요. 하지만 핵심부 혁명을 촉진하기 위해서라도 피억압 민족들을 혁명화시켜야 한다고 봤던 소비에트 정부는 혁명이 일어나자마자 러시아 국내외의 모든 노동자·농민 계급 이슬람 신자들에게 호소문을 발표하기도 합니다. 이 호소문에는 혁명 러시아에서 이슬람 신자들이 모든 시민적 권리를 누리면서 얼마든지 자신의 종교를 믿을 수 있고, 공통의 이해관계 덕분에 결국 그들이 소비에트 정부의 우군이 될 것이라는 내용이 담겨 있었습니다. 터키의 아르메니아 지역 영토에 대한 과거 제정러시아 정권의 강탈 계획, 이란에 대한 열강의 간섭 등 제국주의 열강들이 이슬람 세력에 자행했던 각종 폭력에 대한 비판도 들어 있었지요. 요즘은 유럽과 미국에서 이슬람 혐오 세력이 득세하고 있지만, 러시아 혁명 때는 유럽인의 이슬람에 대한 편견을 타파하면서 이슬람 신자인 노동자, 농민과 함께해야 한다는 당위가 있었던 겁니다.

그런데 1919년 즈음이 되면 러시아 혁명가들은 핵심부 국가에서 원하는 만큼 혁명이 일어나지 않는 현실을 목도하게 됩니다. 1918년에는 핀란드에서, 1919년에는 헝가리와 독일(베를린, 뮌헨 등)을 비롯한 유럽의 여러 나라에서 혁명의 시도가 이어집니다. 실제로 아일랜드의 일부 도시와 노르웨이의 시골 등지에서 소비에트를 만들어 사회주의 공화국 건설을 시도하기도 했어요. 혁명의 화염이 유럽 전체를 잡아먹을 수 있겠다는 기대가 있었지요. 하지만 1919년 이후로 이들 혁명이 모두 실패했다는 사실이 확연해집니다. 유럽 자본주의는 생각보다 강고했던 거예요. 2008년 세계 금융위기 이후 그리스 청년들의 절반가량이 실업자가 되어도 혁명이 일어날 기미가 전혀 보이지 않는 걸 보면 핵심부 자본주의가 얼마나 강고한지 짐작할 수 있을 겁니다. 그만큼 유럽의 자본주의는 노동자들을 체제에 포섭하면서 어느 정도의 참정권을 허용하며 재분배도 시행하는 저력을 가진 시스템이지요.

그렇다면 유럽에서 당장 혁명이 일어나지 않으리라는 것을 알게 된 볼셰비키들은 어떻게 했을까요? 결국 새로운 우군을 찾아야 했는데, 이때 떠오른 것이 바로 아시아였습니다. 아시아에서 식민주의 체제를 전복함으로써 유럽의 핵심부를 고립시키고, 그렇게 해서 세계 혁명을 촉진시켜보자는 밑그림을 그린 것이지요. 아시아에서의 혁명은 그 자체가 목적이 아니었습니다. 자본주의의 패망을 통한 전 세계의 사회주의화가 궁극적인 목적이었지요. 이를 달성하기 위한 관문이 아시아였던 거고요. 러시아 혁명가들은 아시아 중에서도 태평천국운동이나 동학농민전쟁과 같은 민중운동의 전통이 풍부한 동아시아에 관심을 기울였습니다. 일본이나 중국과 밀접하게 관련된 나라인 조선이 혁명의 교두보가 될 수 있다는 적극적인 접근을 하기도 했어요.

1920년 코민테른 제2차 대회 때는 식민지 해방 투쟁에 대한 결의문이 채택되었습니다. 이는 러시아 혁명가들과 인도 혁명가들이 공동으로 작성했는데, 여기에는 한국 역사상 매우 중요한 사안이 담겨 있었습니다. 그것은 아시아에서 공산주의 운동이 일단 민족주의 운동과 손잡고 통일전선 전술을 펼쳐야 한다는 입장이었습니다. 이를 통해 민족주의 영향하에 있는 대중들을 끌어들이고 혁명적 민족주의자들을 공산주의자로 만들거나 연대해서 민족 혁명을 완수한 뒤 공산 혁명으로 나아가야 한다고 본 겁니다.

무산계급이 세력화되지 않은 아시아 농촌 사회의 경우, 혁명 세력이라고 해봐야 민족주의 지식인들이 지도하는, 완벽하게 공장 노동자가 되지도 못했고 되었더라도 아직은 시골과의 관계를 이어가고 있는 대중들일 겁니다. 반제 민족주의 이데올로기가 잘 먹히는 이들과 제휴해 이들을 급진화시키고 함께 제국주의를 무너뜨리자는 게 코민테른의 입장으로 채택된 겁니다. 이후 민족주의 세력과의 좌우합작은 공산주의 운동의 대원칙이 됩니다. 1920년대 후반 조선에서 좌우합작을 통해 결성된 신간회의 청사진이 이때 만들어졌다고 보면 될 겁니다.

비합법 운동과 파벌 문제라는 난관을 뚫고 넘으며

한국은 아시아 국가에서 일어났던 공산주의 운동에 대한 연구가 지나치게 부족합니다. 식민지 시대 조선 공산주의를 연구하는 이들도 몇 남지 않았으니, 아시아까지 연구 범주를 확장할 여력이 없는 것이겠지요. 그래서인지 아시아 국가들의 근현대사에 공산주의 운동이 어떻게 개입해왔는지에 대한 지식과 담론이 한국 사회에는 많이 부족합니다. 우리에게는 잘 알려져 있지 않지만 이란과 인도는 20세기 내내 계속해서 혁명의 기운이 지속된 나라들입니다. 그 과정에서 러시아 혁명의 영향 아래 만들어진 공산주의 세력이 상당한 역할을 해왔고요.

1920년 6월부터 1921년 9월 사이, 이란의 길란에는 길란 사회주의 공화국이 건설되었다. 이 공화국의 대통령 미르자 쿠치크 칸(Mirza Kuchik Khan)과 군인들의 모습.

초창기의 이란 공산주의자들은 상당히 급진적이었습니다. 당장 공산 혁명을 쟁취해야 한다고 주장했고, 1920~21년 사이에는 러시아 공산주의자들의 힘을 빌려 무장투쟁을 통한 혁명을 시도하기도 했습니다. 이란 북부의 길란Gilan이라는 도시에 현지 공산주의자와 민족주의자가 함께 길란 사회주의 공화국을 건설했습니다. 러시아의 적군 부대가 들어와서 혁명을 도와주었지요. 이때 공산주의자들은 이슬람 사회에서는 상당히 위험할 수 있는 반종교 운동까지 시도했습니다. 이들이 여성 해방 운동을 함께 벌인 것은 상당히 인상적이지요.

하지만 이들의 시도는 좌절되었고, 이후 공산주의자들은 훨씬 온건하고 점진적인 투쟁 노선을 채택하게 됩니다. 이란 공산주의자들의 정당인 아달레트당은 전제 왕권과 영국 제국주의의 패권을 타도하는 것을 목표로 삼았고요. 코민테른의 조언대로 이들은 합법운동과 지하운동을 병행하면서 반제국주의 민족 혁명이 급선무라는 인식하에 급진적인 민족 세력 및 중간계급과 손잡는 좌우합작을 시도했어요. 이들은 특히 노조 활동에 매진했습니다. 1930년대 초반 이래로 이란 공산주의자들은 노동운동계에서 거의 압도적인 영향력을 행사했지요. 이란에서 공산당은 원칙적으로 비합법 정당, 즉 지하운동이었습니다. 그럼에도 불구하고 진보적 지식인이라면 누구나 한번쯤 고려해봐야 할 만한 위치를 점하고 있었어요.

1953년에 CIA와 이란 군대 내부의 친제국주의적 매판 세력들은 모하마드 모사데크Mohammad Mossadegh(1882~1967)의 정권을 무너뜨리는 쿠데타를 일으킵니다. 그 직후의 백색테러 분위기에서 많은 공산주의자들이 검거 선풍에 희생되었어요. 그때 군 내에 보직을 갖고 있던 500여 명의 당원들도 대부분 잡혀갔는데, 공산당이 이 정도로 군 내부에 잠입해 있었던 걸 보면 직업 군인을 포함해 지식인층 전체에 공산주의가 얼마나 인기 있었는지를 알 수 있지요. 결국 이란에서는 20세기 동안 혁명과 반혁명이 거듭되다가 1970년대에 반제국주의 민족 혁명이 다시금 일어났습니다. 하지만 좌파보다 종교적인 우파가 득세해서 결국 이슬람 혁명으로 흘

러가버렸지요.

한편 인도의 경우는, 앞서 언급했듯이 간디가 주도적으로 독립운동을 이끌었던 것으로 알고 있는 분이 많으실 텐데요. 사실 이건 한국 지성계에 오랫동안 이어져 내려온 전통 중 하나입니다. 식민지 시대에 조선인들이 간디를 무척 좋아했거든요. 간디의 자서전이 영어로 출간되자마자 그 내용을 축약, 번역한 책이 조선에 출간될 정도였으니 조선인들이 간디를 얼마나 좋아했는지 짐작하시겠지요? 춘원 이광수는 간디를 '성웅聖雄'으로 명명하기도 했어요. 식민지 조선의 민족주의자들에게 간디는 그야말로 민족 해방의 횃불이었던 겁니다. 이때부터 간디에 대한 다소 과장된 환상이 이어져왔는데, 실제로 간디가 이끈 인도국민회의는 인도 해방 투쟁의 주요 세력 중 하나였고요. 노동운동계에서는 공산주의자들이 이들보다 훨씬 강력한 지도력을 행사하면서 해방 투쟁에 결합하고 있었습니다.

인도 공산당은 조선 공산당과 마찬가지로 1925년에 창당했고, 조선 공산당과 똑같은 문제에 부딪치고 있었어요. 일제 치하의 조선에서나, 영국 지배하의 인도에서 모두 공산당은 비합법 정당이었습니다. 정당이 지하단체이므로 이들은 다른 합법 조직을 만든 후 그 조직을 지도하는 간접적인 방식으로 외부 활동을 할 수밖에 없었습니다. 인도에서의 노농당이 그러한 조직인데, 이는 한국으로 치면 신간회와 유사한 좌우합작 조직입니다. 이처럼 인도 공산당은 급진적 민족주의자들과 함께하는 조직을 통해서만 외부 활동이 가능했지만 이런 조직을 꾸준히 만들면서 활동을 이어 나갑니다.

그렇게 세를 확장해서 1920년대 말에 이르면 공산주의자들은 전인도노총에서 무시할 수 없는 지도 세력으로 부상하고, 민중 조직화에 있어서도 간디주의자들과 견줄 만한 조직력을 갖춥니다. 공장 노동자와 인도인 병졸, 특히 해군들 사이에서 공산주의 조직은 인기를 얻었지요. 차후에 독립 투쟁의 결정판인 봉기들이 일어났을 때, 공산주의자들은 이제까지 다져온 조직세를 바탕으로 상당한 활약을 했습니다. 이란 공산주의자들과 마찬가지로 지하투쟁이라는 어려운 조건을 극복하고서 큰 성과를 거둔 것이지요. 결국 인도는 영국으로부터 해방되어 국가에 의한 계획적인 경제 발전이나 취약층에 대한 국가의 제한적 재분배가 어느 정도 가능한, 비교적 진보적인 사회로 나아갈 수 있었습니다.

사실 1920~30년대에 합법적으로 공산주의 운동을 할 수 있는 아시아 국가는 거의 없었습니다. 이란이나 인도뿐만 아니라 일본과 조선 역시 그러했고, 중국의 경우도 1928년까지 국민당과의 좌우합작이 가능했을 땐 공산당이 합법 단체였지만 이후로는 비합법 단체가 되어 1936년 이후에나 다시 합법화가 되지요. 그러했기에 공산주의자로 살아간다는 것은 엄청난 희생을 각오한다는 뜻이기도 했습니다.

그런데 아시아에서 공산주의 투쟁의 걸림돌은 비단 비합법이라는 상황만은 아니었습니다. 가난한 농민이 대부분인 사회인 만큼 혁명의 잠재력도 강했지만, 그런 사회에서는 공산당이 노동운동에서 상당한 지위를 얻더라도 여러 가지 어려움에 봉착했습니다. 유럽의 상황과 비교하면 이해하기가 쉬울 텐데요. 유럽의 공산당 지도자들은 상당수가 노조 운동가 출신이었습니다. 즉 노동운동을 하다가 공산주의에 투신해서 공산당 지도자가 되는 것이 전통적인 코스였지요. 반면에 아시아에서는 위장 취업을 하면서 노동운동에 뛰어든 지식인도 있었지만, 기본적으로 공산주의자들은 노동운동 출신보다 노동운동에까지 관여하는 지식인 계통의 직업 활동가 출신이 더 많았습니다.

이들은 대중의 지지를 얻기 위해 상당히 공을 들이긴 했지만 기본적으로 이념성이 강했어요. 이념을 바탕으로 지식인 출신의 동지들을 규합한 후 후차적으로 대중과의 관계를 고민하는 운동을 벌인 셈이지요. 이런 특성 때문에 아시아에서의 공산주의 운동은 고질적으로 파벌 문제에 시달렸습니다. 일단 여러 지식인 집단이 하나의 운동을 펼쳐 나갈 때 각자의 다른 생각과 얽히고설킨 관계를 감당하면서 나아가야 했는데, 그게 만만치 않았던 겁니다. 조선의 공산주의 운동에서 서울파와 화요파의 관계도 그런 사례 중 하나겠지요. 또한 많은 지식인들이 계급의 평등보다는 민족의 독립과 자주적인 개발을 열망하기도 했어요. 노동운동을 통해 아래로부터 만들어진 당이 아니라 지식인들에 의해 위로부터 만들어진 당은 이처럼 파벌 문제에서 자유로울 수 없었습니다.

러시아 혁명의 전철을 밟아 개발주의로 이어진 아시아의 혁명들

이번에는 나름의 노하우를 가지고 아시아 혁명을 지원했던 코민테른에 대해 살펴보지요. 코민테른에서는 1921년 모스크바에 공산주의 운동의 지도자를 양성하기 위한 동방노력자공산대학을 설립합니다. 1930년대 초반에는 이 학교에 조선민족부가 설치되었고, 200여 명의 본토 출신 조선인이 여기서 교육받은 후 상당수가 다시 조선으로 파견되어 실제 운동에 복무했습니다. 거기에다가 300여 명의 원동 고려 사람(재소 동포)들이 이 학교에서 교육을 받기도 했습니다. 소련 공민인 이들은 대개 교육을 이수한 뒤 소련에서 직장을 배정받았지요. 코민테른은 활동가 교육뿐만 아니라 각종 재정 지원, 무기 구입 등에도 힘썼으며, 중국에는 군사고문까지 파견하는 등 지원 단체로서의 역할을 충실히 수행했습니다.

하지만 그렇게 지원을 아끼지 않은 만큼 이들을 지도해야 한다는 생각도 강했어요. 코민테른의 지령이 꼭 틀리고 나쁜 것만은 아니었습니다. 한국 공산주의자들에게 비타협적 민족주의자들과 함께하라는 지령을 내린 것도 바로 코민테른이었지요. 신간회가 그 지령에 힘입어 탄생한 조직이고요. 즉 코민테른이 항상 민족 운동을 방해했던 것은 아니고, 오히려 신간회가 형성되던 1927년 즈음에는 민족 유일당 결성을 통해 좌우가 함께 반제국주의 운동을 펼쳐야 한다는 노선을 견지했습니다.

물론 코민테른의 지령에 문제가 없었던 것은 아닙니다. 모스크바에 있는 코민테른 지도자들이 현지 상황을 속속들이 알 수는 없었으니 현실성 떨어지는 관념적 지령을 내린 경우도 있었습니다. 하지만 무엇보다도 가장 큰 문제는 1920년대 말부터 코민테른이 스탈린 정권의 이해관계를 반영하기 시작한 점이었어요. 그러면서 스탈린 정권의 외교 전략이 현지 공산주의 운동의 이해관계와 일치하지 않는 문제들이 벌어진 겁니다.

스탈린의 입장에서 일본은 위협적인 나라였기 때문에 그는 중국에 항일 투쟁의 우군이 될 정권이 들어서길 바랐습니다. 현실적으로 그런 정권은 국민당일 수밖에 없었고, 코민테른은 스탈린의 입장을 반영해서 1928년까지 중국 공산당에게 국민당과의 합작을 유지하라는 지령을 지속적으로 보냅니다. 문제는 좌우합작 자체가 아니에요. 국민당이 반공 쿠데타를 일으켜서 공산주의자들을 학살하고 있는데 코민테른에서 그런 지령이 떨어진다면 공산주의자들의 기분이 어땠을까요? 도대체 이 사람들이 우리를 무엇으로 보고 이런 지령을 내리느냐는 반응이 나오겠지요.

중국 공산주의자들은 코민테른의 지령 때문에 국민당과의 연대를 너무 늦게 청산해서 국민당이 자행한 학살을 피하지 못했다는 의식이 상당히 강했습니다. 1950년대 말에 중소 갈등이 시작되었을 때, 소련을 비판하고 나선 마오쩌둥毛澤東(1893~1976)을 비롯한 중국 지도자들은 대부분 잘못된 코민테른의 지령 때문에 한때 목숨이 위험에 노출됐던 사람들이에요. 코민테른의 잘못에 대한 원한이 골수에 사무친 이들이지요. 중소 갈등은 이런 측면에서 그 뿌리가 꽤 깊은 것이었습니다.

한편 1928년 이후에 코민테른은 이전과는 반대로 무리하게 노동계급 독자 노선을 추진한 나머지 1931~32년 인도에서의 대중적인 독립운동에서 공산당의 참여를 방해하기도 했습니다. 코민테른은 아시아의 혁명을 지원하는 데 힘썼지만 비대칭적인 위계질서 때문에 그 혁명들 하나하나에 난관이 되는 존재이기도 했어요.

아시아의 공산주의자들은 이런 코민테른과의 길항 관계 속에서도 1930년대 후반까지 각자의 민중적 기반을 다져 나갑니다. 그런데 이들이 스스로 혁명을 일으켜 제국주의와 현지의 반동적 정권을 무너뜨리고 사회주의 국가를 건설하는 데까지 나아가는 것은 역부족이었어요. 1931년부터 중국의 시골 오지에서 마오쩌둥을 비롯한 공산주의자들은 작은 소비에트 공화국을 건설해보려고 부단히 노력했습니다. 하지만 이들이 쟁취할 수 있는 최대치란 장시성-푸젠성 오지에 해방구(중앙혁명 근거지)를 만들어 민중 친화적 정책을 실시해보는 정도였지요.

제2차 세계대전이라는 체제 파국의 상황은 아시아 공산주의자들에게는 하나의 기회였습니다. 이들은 전쟁이 터지자 전쟁이 체제에 가한 타격을 이용해서 전후 세계 만들기에 큰 역할을 할 수 있었지요. 일본에서는 공산당이 합법화를 쟁취하면서 일본 진보사회의 골간을 이루게 되었고요. 중국 공산당은 내전을 거친 후 그 누구도 예상치 못한 승리를 거두면서 중국을 비자본주의적 개발주의의 길로 나아가게 했습니다. 베트남과 한반도에서는 분단의 아픔이 있긴 했지만 한편에서 공산 세력들이 국토 일부에서라도 자신의 정권을 세울 수 있었고요. 인도에서는 독립 투쟁에 큰 역할을 했던 공산당이 독립 후에 중요한 정치 세력으로 자리 잡아서 일부 주에서는 장기 집권을 할 만큼 풀뿌리 기반을 다져 나갔습니다. 그렇게 아시아의 많은 공산당들은 자치적인 운영 기반을 만들어서 결국에는 아시아의 정치 지도를 바꾸었습니다. 아시아에 꽤 큰 파장을 만들어낸 것이지요.

한편 중동은 공산주의자들이 아시아에서 제대로 발 들이지 못한 거의 유일한 지역입니다. 석유가 발견되면서 중동에는 열강, 특히 미국의 이해관계가 깊이 관철됩니다. 열강들은 집요하게 공산주의 세력의 침투를 방해했지요. 사담 후세인Saddam Hussein(1937~2006)이 이라크 공산당을 박멸했을 때 그 후원 세력이 바로 미국이었습니다. 반면에 이런 매장 자원을 갖고 있지 않은 아시아의 여러 국가들에서는 공산주의 세력이 상당한 몫을 쟁취할 수 있었던 겁니다.

그런데 문제는 그다음이었습니다. 아시아에서 러시아 혁명의 영향을 받은 공산당들이 시련기를 거친 후 전쟁이라는 기회를 이용해 정치적으로 부상했지만, 그렇다고 해서 그들이 실제로 공산주의를 온전하게 실현해내지는 못했습니다. 아시아 공산주의자들은 대개 계급해방보다 민족국가 단위의 자주적 발전과 업적주의적 인재 등용 등 사회 개선에 집중했어요. 아시아에서 공산주의 정권이 들어선 중국, 북베트남, 북한에서는 급진적 혁명이 일어났을 때 벌이는 일들을 초기에 완료했습니다. 예를 들면, 과거 지배층을 처리하고 국가 수중에 주요 자원들을 집중시키며 민중 출신자들의 신분 상승을 가능케 하는 교육 및 간부 양성 제도를 마련하는 일 같은 것들 말입니다. 그런데 1929~30년부터 소련에서 스탈린주의적 개발주의 시대가 시작되었듯이 아시아에서도 혁명이 완료된 후 집권한 혁명가들에 의해 적색 개발주의가 본격화되었지요.

북한의 경우, 1955~56년경에 급진적 혁명이 어느 정도 완료된 뒤 김일성 정권은 강력한 개발 드라이브 정책을 실시합니다. 이는 한반도에 큰 영향을 미치지요. 남한에서 1961년 이후에 강력한 개발주의 정권이 출범한 것은 남북한 체제 경쟁의 신호탄으로 봐야 할 겁니다. 북한이 빠른 속도로 개발되고 있는데 남한의 개발

1957년 북한에서는 경제개발 5개년 계획에 착수하여 농촌 집단화와 주요 산업의 국유화 같은 사회주의적 개혁을 추진했다. 사진은 1957년 북한에서 만들어진 선전 포스터.

속도는 더디다 보니 미국이든 한국 사회에 가장 영향력이 컸던 조직인 군부든 수수방관할 수만은 없었던 거예요. 그렇게 들어선 박정희 정권이 초창기부터 개발 드라이브에 매진했던 것은 어떻게 해서든 북한을 따라잡아야 한다고 봤기 때문이지요.

박정희의 개발 드라이브는 상당 부분 북한의 정책을 벤치마킹한 것이었어요. 경제개발 5개년 계획이라든가 경제기획원 설립 등은 과거 일본이나 만주국의 사례도 참작했겠지만 기본적으로는 북한 시스템을 거의 고스란히 따라했고요. 박정희를 중심으로 한 공화당의 내부 구조만 보더라도 상당 부분 북한의 조선노동당을 벤치마킹했지요. 박정희는 경제개발 초창기에 국내 자본을 활용한 내포적 개발을 추구하는데, 이는 북한의 경험을 참조한 것이었습니다. 그러다가 한일 관계 정상화와 베트남전쟁을 겪으면서 1964년 이후 외자 유치로 개발 방향을 선회했고요.

북한의 개발 드라이브는 박정희의 그것과 달리 적어도 초기에는 민중 친화적 측면이 상당히 강했습니다. 무상의료, 무상교육 달성이 정책 목표 중 하나였고, 1950년대 말에 이르러서는 이들이 어느 정도 성취되었습니다. 당시의 남한으로서는 상상도 할 수 없는 일이었지요. 하지만 북한이 품고 있던 초기의 혁명 정신은 개발 드라이브가 시작되면서 점차 고갈됩니다. 혁명이 개발 혹은 성장과 바꿔치기되고, 그 방식이 민주적일 수 없었던 것은 상당히 아쉬운 일이지요. 한반도 전체가 전쟁을 거친 후 군사화된 상황에서 과연 다른 방식으로 나아갈 수 있었을지 생각해보면 뾰족한 답을 찾긴 어렵지만요.

여타의 아시아 국가들 역시 상황은 북한과 비슷했습니다. 아시아에서의 혁명이 러시아 혁명을 벤치마킹한 만큼, 러시아와 마찬가지로 급진적인 혁명의 시기를 거쳐 보수적인 개발 드라이브로 이어진 것이지요. 중국 역시 유사했어요. 중국에서 대부분의 농민들은 간신히 생존만 유지할 만큼 엄청나게 가난에 찌들어 있었는데, 그런 농민들로부터 거둬들이는 잉여를 통해 개발 드라이브를 거는 데는 한계가 있었습니다. 농촌에서 인력과 자원을 과도하게 강제 동원했던 1960년대의 대약진운동 시절에는 농촌 경제가 피폐해져서 농민들이 아사 상태에 빠지기도 했지요.

결국 1970년대 말에 이르면 덩샤오핑鄧小平(1904~1997)의 주도로 소련식 개발주의를 폐기하고 외자를 도입하는 수출 주도식 발전주의로 방향을 전환합니다. 이 시점에는 혁명의 급진성이 흔적도 없이 사라져버렸지요. 1920~30년대 공산주의자들은 개발주의 자체보다는 민중 친화적인 개발을 원했습니다. 민중들의 기본적인 생활 욕구를 충족시켜주면서 이들이 자유롭고 민주적으로 살 수 있기를 바랐지요. 하지만 많은 경우 개발에는 성공했지만, 그 개발이 민주성까지 확보한 경우는 없었습니다. 민중들의 인간적인 자아실현 역시 개발 드라이브 정책에 묻혀 희생될 수밖에 없었고요. 소련이 걸었던 길을 아시아 국가들이 조금씩 차이를 보이면서 되풀이해 걸어간 겁니다.

중국, 북한, 북베트남에서의 공산당이 혁명 세력에서 개발주의 세력으로 보수화되는 동안, 일본과 인도의 공산당 역시 그 성격이 달라져 갔습니다. 이들 공산당은 자본주의 국가 의회에서 야당 세력으로 자리 잡으며 혁명 정당에서 진보적인 국민 정당으로 탈바꿈했지요. 일본 공산당은 1955년에 혁명 투쟁 방침을 버리고 합법적인 의회 투쟁 방침을 채택했으며, 그다음 해에는 조선인을 출당시키는 등 소수자 문제에 대한 관심을 끊어냅니다. 1960년대 말까지만 해도 소련, 중국, 북한 등과 활발하게 교류하던 일본 공산당은 1970년대에 들어서면 신좌파와의 충돌이 이어지면서 그런 교류를 줄이고 '일본과 일본인만의' 국민 정당으로 변모합니다. 즉 일본 국민의 이해관계를 우선시하면서 전 세계 민중과의 연대는 부차적인 것으로 인식하는 정당으로 바뀐 것이지요.

일본 공산당은 일본의 다른 정당에 비해 훨씬 민족주의적입니다. 예를 들어 다른 정당들은 러시아와의 영토 분쟁 문제에 대해 이투루프섬, 쿠나시르섬, 시코탄섬, 하보마이 군도 등 소위 말하는 북방 4도만을 요구하지만, 일본 공산당은 이를 포함한 쿠릴 열도 전체를 요구하고 있습니다. 그만큼 국민 정당으로 보수화된 겁니다. 인도 공산당 역시 일본 공산당보다 더했으면 더했지 덜하진 않았습니다. 인도의 일부 주에서는 공산당이 최근 몇 년 사이에 신자유주의까지 수용하는 변질된 모습을 보였어요. 반면에 일본 공산당은 신자유주의를 수용하진 않았지만, 일본의 미국으로부터의 독립화·중립화와 복지 자본주의를 지향하는 야당 세력으로 부동의 위치를 고수하고 있습니다.

소련 몰락 이후 러시아연방 공산당의 상황 역시 본질적으로는 일본이나 인도와 크게 다르지 않습니다. 러시아연방 공산당은 지금도 15~20퍼센트가량의 지지율을 얻고 있으며, 공산당원이 지방 도지사를 역임하는 경우도 꽤 있습니다. 광범위한 지지 기반을 바탕으로 여전히 상당한 영향력을 행사하고 있지요. 소련의 몰락을 사회주의의 실패라고 하지만, 실제로는 관료들이 국가를 서구

2017년 인도 케랄라 주에서 공권력의 살인에 맞서 시위를 벌이고 있는 인도사회주의자연맹(SUCI) 당원들. 인도사회주의자연맹은 1948년 마르크스레닌주의를 따르며 결성된 공산주의 정당이다.

식 자본주의로 끌고 간 것일 뿐 상당수의 사람들은 여전히 과거의 체제를 다시 한번 부활시켜야 한다고 여깁니다. 소비에트 시스템에 대한 향수가 아직 남아 있는 것이지요.

하지만 러시아연방 공산당이 대중들의 희망에 부응하고 있는 건 아닙니다. 여전히 힘이 있지만, 주요 기업의 국유화나 대미 강경 노선을 추구하는 수위에 머물고 있을 뿐 과거의 볼셰비키처럼 급진적인 기운을 가지고 있다고 보기는 어려워요. 무엇보다도 러시아연방 공산당은 민족국가의 자주성을 주장하면서 미국의 영향력이나 외국자본으로부터 독립적인 러시아 만들기에 주안점을 두고 있습니다. 러시아정교라는 종교 세력과도 손잡고 있고요. 한국으로 치면 민중민주 계열보다는 민족해방NL 계열의 경향이 강화된 채 국민 정당으로 자리 잡은 겁니다.

21세기의 아시아에 새로운 혁명이 움틀 수 있을까

아시아에서 정권을 잡은 공산당이든 아니면 야당 세력이 된 공산당이든 간에 이들 모두 체제 내에서 다소 급진적인 사민주의 세력으로 자리하면서 보수화의 길을 걸어갔습니다. 현재로서는 국제주의적 공산주의 운동으로 범주화시킬 수 있는 운동이 아시아에 미약하게만 존재한다고 말할 만큼 이들 공산당의 이해관계나 관심사가 일국적이고 국민적이에요. 그렇지만 공산주의 운동의 혁명적 동력이 20세기 아시아의 모습을 완전히 바꾼 것은 부인할 수 없는 사실입니다. 이들은 비자본주의적 발전의 잠재적 가능성을 여실히 보여주었습니다. 공산 혁명이 아시아에 뚜렷한 영향을 미친 것은 공산주의 운동의 국제적 성격과 연관될 거예요. 공산주의 운동은 세계적인 혁명 프로젝트를 추진하려 했고, 그만큼 민중을 동원할 수 있는 구체적이고 급진적인 구호와 정책을 함께 제시했던 겁니다.

마지막으로 조선 공산당의 사례를 하나 들도록 할게요. 조선 공산당의 최대 강령은 조선 사회의 공산주의화였지만, 이들의 최소 강령은 조선의 독립과 인민을 위한 민중적 민주주의 사회 구축이었습니다. 이들은 큰 목표를 염두에 두고 있었지만, 그러면서도 작은 목표들을 실현하기 위한 실행을 게을리하지 않았어요. 독립 투쟁을 위해 좌우합작 활동에 매진했으며, 동일노동 동일임금의 원칙을 관철시키면서 불안정 노동을 척결하려 했지요. 민족민주 혁명 바로 직후에 토지개혁을 하려 하면서 노동자들의 경영 참여가 가능한 사회를 혁명의 첫 단계에 만들어가려 했습니다. 그러고 나서 무산계급을 중심으로 한 공산 혁명을 일으키겠다는 게 조선 공산당의 '제1·2차 혁명' 구상이었지요. 이 혁명을 전 세계로 확장시키는 데까지 구상을 펼치진 못했지만, 어쨌든 민족의 독립과 사회 민주화를 추구한 첫 단계의 혁명에 대한 이야기는 대중들에게 호소력이 컸어요. 그래서 조선 공산주의자들이 민심을 얻을 수 있었고요.

최대 강령과 최소 강령의 이중주는 매우 중요합니다. 신자유주의 체제가 내파되어 가고 있는 현재로선 진보주의자들이 배워야 할 지혜예요. 지금 상황에서 최대 강령은 자본주의의 대안이 되는 사회를 만드는 것이겠지만, 최소 강령은 매우 구체적이고 현실적이어야 합니다. 대다수가 피부로 느낄 만큼 중요한, 우리 삶과 밀접하게 맞닿아 있는 문제들이어야 하겠지요.

그렇다면 한국을 비롯해서 신자유주의의 광풍이 휘몰아치고 있는 21세기의 아시아에 또다시 공산주의 운동이 필요하진 않을까요? 이미 보수화된 공산당들이 그런 운동을 펼칠 수 있을지는 미지수입니다. 하지만 아시아의 대중들이 언젠가 다시 한번 이런 급진적이고 국제 연대적인 투쟁으로 나아가지 않는다면 각국이 공통적으로 겪고 있는 문제를 해결하면서 지금과는 다른 아시아로 거듭나는 것이 불가능하지 않을까요? 이것이야말로 아시아 공산주의 운동의 역사를 살피면서 제가 품게 된 근본적인 질문입니다.

6강

사회주의 혁명을 뒤따라온 적색 개발주의

▼ ▼ ▼

요즘 사람들에게 소련이나 북한식 공산주의는 후진적이고 경제개발을 잘 추진하지 못하며 봉건적 잔재조차 극복하지 못한 체제로 여겨지는 듯합니다. 이에 반해 자본주의는 공산주의와의 경쟁에서 승리한, 우월한 체제로 간주되고 있지요. 하지만 현재의 자본주의 사회는 공공성을 제대로 확보하지 못한 채 기업의 통치를 당하고 있으며, 심지어는 사적 패거리들이 기업의 주문을 받아 국가 정책을 찍어내기도 합니다. 2016년 말부터 한국을 떠들썩하게 했던 최순실 사태는 이러한 체제의 민낯을 여실히 드러내 보였지요. 이처럼 자본주의 체제는 마냥 합리적이기만 한 게 아니라 지극히 많은 문제를 안고 있습니다.

남한이 1960년대 이후 경제개발이 이뤄지던 시절을 '한강의 기적'이라고 표현했다면, 실제로 이런 말이 있진 않지만 북한에도 '대동강의 기적'이라고 칭할 만한 시절이 있었습니다. 1950년대 이후부터 1970년대 중반까지 북한은 경제를 비롯한 사회의 성장

속도가 남한과 비교할 수 없을 만큼 빨랐어요. 그렇다면 당시에는 어떻게 이런 일이 가능했으며, 지금에 와서는 어째서 이들의 상황이 역전된 걸까요?

또 다른 질문을 해보지요. 소련이 몰락하고 중국이 체제 전환을 한 1990년대 초반에 한국의 많은 전문가들은 십중팔구 북한이 조만간 망할 거라고 떠들어댔습니다. 1990년대 중반에 북한에서 국제적 고립과 자연재해 등으로 인해 고난의 행군이 시작되었을 때 김영삼 정권은 처음에는 북한에 일절 원조를 하지 않았어요. 북한은 기아 사태가 벌어져 자멸할 테니 그대로 내버려두자는 입장을 취한 겁니다. 여기에는 북한 체제가 조만간 무너질 것이라는 전제가 깔려 있었던 거예요.

그런데 북한은 무너지기는커녕 여전히 건재하고 있습니다. 그뿐만 아니라 현재로서는 북한 성장률의 추정치가 한국보다 더 높기까지 하지요. 지금 북한이 받고 있는 무역 제재를 남한이 받는다면 며칠도 못 버틸 거예요. 북한 체제는 과연 어떤 힘으로 이런 악조건을 버텨내며 성장까지 하는 걸까요? 고난의 행군을 비롯해 수많은 처참한 경험에도 불구하고 왜 북한 민중들은 여전히 체제를 옹호하고 있는 걸까요? 북한 체제를 찬미하거나 무비판적으로 편을 들자는 게 아니라, 그런 체제가 가진 내구력의 뿌리를 확인해볼 필요가 있지 않나 싶은 겁니다.

소련이나 중국에 대해서도 마찬가지입니다. 앞서 제가 소련이 몰락하고 중국이 체제 전환을 했다고 말했지만, '몰락'이나 '체제 전환'은 다소 기만적인 표현입니다. 단적인 예로, 러시아에는 많은 공산당 관료들이 여전히 집권층으로 자리 잡고 있습니다. 사실 이들은 체제 전환의 주역이라고도 볼 수 있어요. 믿으실지 모르겠지만. 최근 러시아의 여론조사 결과를 보면 사라진 지 20여 년이 된 계획경제를 지지하는 이들이 50퍼센트를 넘어섭니다. 조사마다 편차가 있긴 하지만, 소비에트식 정치체제에 대한 지지도 40~50퍼센트를 넘나들고요. 이미 몰락한 체제에 대해 과반수에 가까운 사람들이 계속 지지를 표하고 있다면, 그걸 단순한 몰락으로만 보긴 어려울 겁니다. 그 체제에 사람들을 끌어당기는 매력 포인트가 있는 거예요. 그렇다면 그 정체가 무엇인지 들여다볼 필요가 있지 않을까요? 또한 자본주의적 요소와 적색 개발주의적 요소의 혼재를 중국 체제의 힘으로 분석하는 이들이 많은데, 그렇다면 중국의 비자본주의적 개발 경험을 이론적으로 살펴보는 것도 우리에게 유의미하지 않을까요?

이런 맥락에서 사회주의를 지향하는 혁명을 거치고서 적색, 비자본주의적 자본주의 개발을 시도했던 국가들의 경험을 살펴보려 합니다. 이들이 일으킨 혁명이 왜 개발주의로 이어졌으며 실제는 어떠했는지, 이들이 시도했던 적색 개발주의는 어떤 가치를 가지고 있는지 분석해볼 거예요. 이는 여전히 많은 모순을 안고 있는 자본주의 체제를 되짚어보는 데도 유용하리라고 봅니다.

주변부 국가에서 나타난 사회주의를 지향하는 혁명의 이중성

유교에는 우선 이름을 바르게 해야 한다는 정명사상正名思想이라는 게 있습니다. 본격적인 이야기를 하기에 앞서 '사회주의'라는 이름을 먼저 바로잡는 게 좋겠어요. 우리는 흔히 '소련 사회주의' '중국 사회주의' '북한 사회주의'처럼 국가 이름 뒤에 사회주의라는 말을 붙입니다. 이들이 내건 간판을 그대로 읽어주는 건데, 이걸 그대로 믿어선 안 돼요. 1970년대 남한 사회의 간판은 '자유민주주의'인데, 당시에는 자유도 민주주의도 흔적도 안 보인 시대였지요. 그러니 간판을 그대로 믿으면 낭패를 봅니다. 국가 뒤에 붙은 사회주의라는 말은 사회과학적인 사실이 아니므로 간판 뒤의 모습을 살펴봐야 해요.

이사크 브로드스키Isaak Brodsky가 그린 〈볼호프에서의 레닌〉은 잘 알려진 레닌의 초상화 중 하나인데, 볼호프 수력발전소가 배경으로 그려져 있습니다. 이 발전소는 레닌의 계획에 의해 설계된 최초의 수력발전소인데, 그의 사후 3년 뒤에 완공되었지요. 레닌이 집권 후 가장 먼저 시도한 경제개발 계획의 주요 골자는 전기 증산·보급 계획이었습니다. 발전소야말로 사회주의의 첩경이라고 말하기도 했지요. 지금으로선 믿기지 않는 말이지만, 당시에 레닌은 "사회주의는 소비에트 권력과 전국 전기 보급이다"라는 말을 러시아의 화가 이사크 브로드스키의 1927년 작 〈볼호프에서의 레닌〉. 레닌의 뒤로는 수력발전소에서 쏟아져 내려오는 물들이 유유히 흐르고 있다.

남기기도 했어요. 전기 보급과 사회주의는 직접적으로 아무런 관련이 없다는 걸 레닌이 모를 리 없었겠지요. 그런데 왜 이런 말을 했을까요? 왜 그는 그렇게 전기 보급을 중요하게 여겼을까요?

이를 이해하려면 러시아 혁명의 이중적 성격을 알아야 합니다. 혁명을 일으킨 지도자들은 이념적으로는 사회주의를 지향했습니다. 계급이 해체되어 모두가 평등해지는 사회를 꿈꿨고 생산수단을 국유화시킨 후 그것이 민주적으로 관리되는 체제를 바랐지요. 그런데 러시아 혁명을 사회주의 혁명으로만 보는 것은 일면적인 접근입니다. 당시의 러시아는 사회주의만 지향해도 되는 발전된 부르주아 국가가 아니었어요. 중국이나 조선은 더더욱 그러했고요. 준주변부 혹은 주변부 국가에서 일어난 혁명은 그 성격도 여러 층위들이 중첩되어 있는 대단히 복합적인 것이었습니다.

당시에 핵심부 국가들은 주변부 국가에 대해 엄청난 개입을 하고 있었습니다. 개항 이후 서방 열강이 점령하다시피 했던 중국에서는 상하이의 한 공원에 "중국인과 개는 출입 금지"라는 푯말이 붙어 있었습니다. 자기네 나라 땅인데 드나들 수 없는 곳이 있을 정도였던 거예요. 중국이 얼마나 극심하게 외세에 시달리고 있었는지를 상징적으로 보여주는 사건이지요.

러시아 역시 마찬가지였습니다. 아관파천이나 러일전쟁 같은 사건만 보면 러시아가 서방 열강 같은 강력한 제국으로 보이지요? 당시에 러시아에 있던 공업 불입자본의 47퍼센트가 외국 투자 자산일 정도로 러시아 경제는 허약했습니다. 심지어 전력 산업은 90퍼센트 이상이 외국자본의 소유였어요. 러시아 혁명 이전의 도시화 비율은 20퍼센트 안팎이었는데, 도심은 그나마 외국자본에 의해 개발이 되었습니다. 하지만 그보다 훨씬 컸던 농촌에는 그 손길마저 닿지 않아 대부분 미개발 상태였지요. 즉 러시아는 열강 중에서도 가장 후진적이었고, 자본주의 핵심부 국가들과는 질적으로 엄청난 격차가 있었습니다.

이처럼 중국과 러시아는 자본주의를 많이 발전시키지 못한 채 세계 체제의 주변부에 자리하고 있었으며, 기본적인 부르주아 혁명의 과제들이 미해결 상태로 남아 있었습니다. 인구의 대부분이 살고 있는 농촌에서 토지를 분배하고 소농 사회를 만들어 독립적인 자율농을 창출하는 것이 부르주아 혁명의 과제일 텐데, 러시아나 중국은 이를 전혀 해결하지 못하고 있었어요. 강력한 주권을 가진 근대적 민족국가를 만드는 것 또한 외세에 휘둘리고 있던 중국으로서는 꿈꾸기 어려운 일이었고, 겉보기에는 열강인 러시아도 실제로는 자국에 투자를 한 유럽 열강에 대단히 의존적이었지요.

1980년대에 한국에서 지하운동을 했던 분들께서 많이 접하셨을 레닌의 『국가와 혁명』에는 사회주의 사회의 이상이 묘사되어 있습니다. 그는 부엌에서 일하는 말단 여성 노동자까지도 함께 국가를 다스리면서 민주적으로 생산수단을 운영할 수 있을 거라고 말하지요. 레닌은 사회주의가 실현되면 국가나 자본이 소멸될 것이라고 보았습니다. 이런 사회가 혁명의 지도자나 그들을 지지하는 노동자들의 이상이었어요.

하지만 그들이 발 딛고 있던 러시아의 현실을 돌아보면, 근대 공업 노동자는 전체 인구의 4퍼센트에 불과했고 레닌의 이상을 이해할 만한 사람은 그보다 훨씬 적었으며 눈앞에 당장 부르주아 혁명의 과제들이 시급하게 놓여 있었습니다. 지도자의 이상이나 성향과 무관하게 혁명이 일어난 후 부르주아적인 변혁을 먼저 시도할 수밖에 없었어요. 주변부 국가들에서는 기본적인 근대적 개혁마저도 부르주아가 해결하지 못했기에 혁명 세력들이 이를 해결해야 하는 역설이 존재했던 겁니다.

또한 현실 사회주의 국가의 초반에 집권 세력 내에서 정치투쟁이 이어진 점도 주목해봐야 합니다. 사회주의적인 이상을 품고 있었던 이들은 소수였고, 혁명 정당 안에서도 그 이상에 대한 해석이 정파마다 대단히 달랐어요. 사회주의 실현 이전에 주권국가의 확립, 토지개혁, 산업화 같은 부르주아 혁명의 과제들이 발등에 떨어져 있었기에 더더욱 여러 정파들이 부득이하게 각종 혁명 과제 실행 속도의 완급 조절 등에 대해 입장을 달리할 수밖에 없었습니다. 혁명이 일어났다고 해서 곧바로 파라다이스가 오는 게 아니었던 겁니다.

소련, 중국, 북한 모두 혁명 이후 20여 년간 혁명 세력 내에서 주류와 비주류가 나뉘어 정치투쟁을 벌였고, 결국 주류 중 일파가 완벽하게 정권을 독점하는 구도가 만들어집니다. 북한의 경우 1945년에 혁명이 시작됐다고 본다면, 남로당계를 비롯한 여러 비주류 계파들의 숙청을 거쳐 1965년 즈음에 일파 지배 구도가 완성되고 1960년대 말에 이르면 일파 지배를 넘어서 일인 지배가 굳어지지요. 중국은 1949년의 혁명 이후 반우파 투쟁, 대약진운동, 문화대혁명 등을 거쳐 1969년이 되면 마오쩌둥 계파의 배타적인 지배가 확립됩니다. 마오쩌둥의 직계라 할 수 있는 린뱌오林

彪(1907~1971)와 4인방(장칭, 왕훙원, 장춘차오, 야오원위안) 외의 다른 세력들이 거의 밀려나버리지요.

1917년에 혁명이 일어난 러시아에서는 1937년에 이르면 숙청 과정을 거쳐 옛날의 공산당이 사실상 해체됩니다. 형식상 당은 그대로 남지만, 인적 구성은 완전히 달라지지요. 아이러니하게도 명색이 공산당 당수인 스탈린은 이 세상에서 공산주의자들을 가장 많이 죽인 사람 중 하나일 거예요. 1934년에 피선된 소련 공산당 중앙위원과 후보위원이 총 130명이었는데, 5~6년 사이에 사형당해 죽은 사람이 98명일 정도였습니다. 1930년대에 소련에서 가장 위험한 직업이 공산당 간부였던 것이지요. 이렇게 많은 공산주의자들이 도륙된 것은, 당에서 영향력이 적고 그다지 잘 알려지지도 않은 간부에 불과했던 스탈린의 직계가 권력을 독점할 수 있는 방법이 이것밖에 없었기 때문입니다. 그렇게 해서 결국 러시아도 스탈린 일파가 정권을 독점하게 되지요.

김일성, 마오쩌둥, 스탈린 계열은 공통적으로 관료의 위계질서적 지배를 정당한 것으로 보았습니다. 혁명 이후의 정치투쟁 과정에서 급진적이거나 좀더 사회주의에 가까운 노선을 주장하던 계파들이 몰락했고, 보수적이면서도 자본주의 사회에서도 가능한 경제개발을 우선시했던 계파들이 득세한 것이지요. 물론 자본주의 사회에서는 훨씬 반민중적인 방식으로 개발이 이루어졌지만요. 그렇다면 왜 혁명을 거친 모든 사회에서 비슷한 속도로 유사한 결과가 나타났을까요?

이유는 뻔합니다. 주변부 국가에는 사회주의를 추진할 만한 기본적 여건이 갖춰지지 않은 데다가 경제개발이 이상적이고 이념적인 사회주의보다 대중들의 인기를 누릴 수 있는 구호였던 거예요. 북한에서는 1956년의 '정파 사건'이 하나의 분수령이었습니다. 이때 비주류 정파들이 당대회에서 김일성 정파를 향해 도전했는데요. 당시만 해도 북한에서 당내 민주주의가 형식적으로나마 이뤄지고 있었는데, 당대회 투표에서 김일성 정파가 승리를 거둡니다. 이들이 다른 정파에 비해 훨씬 인기가 높았던 거예요.

소련에서도 1920년대에는 트로츠키주의자를 비롯한 급진적 반대파가 합법적인 활동을 벌였습니다. 하지만 이들 역시 투표에서 늘 졌습니다. 소련에 체류했던 외국 외교관들의 보고서를 보면, 급진적 반대파의 인기는 높아봤자 30~40퍼센트에 그쳤고 스탈린파가 다수였다고 이구동성으로 말합니다. 참담한 이야기이긴 합니다만, 극단적인 가난에 시달리는 사람들이 사회주의보다 개발을 지지하면서 보수적인 계파의 손을 들어준 겁니다.

그런데 이들 사회가 지금 우리 사회와는 상당히 달랐다는 점을 감안해야 합니다. 중국만 해도 대약진운동 과정에서 대략 2000만 명이 굶어 죽은 것으로 추정됩니다. 소련의 경우는 1920~30년대에 농촌에서 대량 기아와 기근 사태가 일어났고, 우리식으로 말하자면 보릿고개가 사라진 게 1950년대 초반입니다. 그전까지는 농민들이 주기적으로 굶어 죽었어요. 다수가 기본적인 생활을 안정적으로 영위할 수 없는 상황에서 사회주의를 지향하는 혁명이 개발주의자들의 집권으로 이어진 것은 불가피한 지점도 있었습니다.

사회주의 혁명 이후, 국가의 주도로 만들어간 대안적 산업사회

준주변부 혹은 주변부 국가에서 혁명을 거친 다음 오는 것은 사회주의의 시대라기보다는 개발의 시대였습니다. 이때의 개발에는 우리가 익히 알고 있는 산업사회에서의 주요한 특징이 나타나지 않았습니다. 이런 측면에서 보면 소련, 중국, 북한 등이 대안적 산업사회를 구축했다고도 볼 수 있겠지요.

산업화에 필요한 기계는 여타의 자본주의 사회와 다를 바 없었어요. 하지만 기계와 기술의 발전이 개별 회사의 이윤을 창출하기 위한 게 아니었던 것이지요. 국가가 하나의 커다란 회사처럼 운영될 때 그 목적은 단순한 이윤 창출에 머물지 않습니다. 개별 회사는 이윤을 추구하고 서로 경쟁하면서 투자를 하지만 언제든 망할 수 있어요. 하지만 국가는 망하면 큰일 나지요. 그래서 국가가 투자의 주체가 되면 이윤만을 위해 매진하는 게 아니라 여러 가지 정치적 고려를 해가면서 자원을 배분할 수밖에 없습니다. 이게 바로 적색 개발주의의 특징이지요. 집권 세력의 입장에서 과학적인 자본 투자와 자원 배분을 통해 개발을 이끌어가는 것입니다.

자본주의 사회에서는 개별 기업이 인력을 두고 경쟁하기도 하고 인력 스스로가 살길을 찾아 일자리를 놓고 경쟁하기도 합니다. 그런데 대안적 산업사회에서는 기업이란 국가 하나밖에 없기 때문에 일자리는 경쟁할 대상이 아닌 배정받는 대상이 되어버립니다. 그렇게 노동시장이 사라지고, 국가가 노동할 나이가 된 사람들을 적재적소에 배치하는 중앙집권적 인력 관리를 하는 거예요.

이를 실패한 체제로 보는 이들도 있지만, 과연 진짜 그러한지는 좀 따져봐야 할 것 같습니다. 대안적 산업사회는 오늘날의 입장에서 본다면 장점이 꽤 많았습니다. 물론 이런 사회에서는 경쟁이 최소화되면서 소비자들이 노동자들 사이의 경쟁을 통해 이득을 볼 수 없습니다. 1990년대 초반에 중국으로 여행을 가본 분들께서는 아실 텐데, 당시만 해도 중국의 국영 상점 판매원들은 매우 불친절했어요. 자기 직업이 영원한 철밥통이다 보니 굳이 소비자에게 과잉 친절을 베풀 필요가 없었던 거예요. 노동자의 입장에서 보면 이직이 어려운 만큼 경직성이 생길 수밖에 없지만, 일단 모든 이들이 정규직이 될 수 있는 사회였고요. 즉 소비자에게는 실이 되고 노동자에게는 득이 되는 구조였던 겁니다.

사회 전체를 놓고 본다면, 중앙집권적인 자원 배분은 기업 간의 경쟁 때문에 양산되는 비효율성을 최소화할 수 있습니다. 자동차

시장이 이미 포화 상태인데, 삼성이 자동차 공장 인허가를 받아서 결국 IMF 때 큰 문제가 되었던 걸 기억하는 분들이 있을 거예요. 자본주의 경제학의 개념으로는 이를 '과잉 중첩 투자'라고 하는데요. 대안적 산업사회에서는 이를 가급적 피하면서 자원 낭비를 줄일 수 있습니다.

그런데 대안적 산업사회가 잘 운영되려면 철저한 중앙집권적 통제가 필수적이었습니다. 시장이 통제하지 않는 산업 체제는 민중들이 민주적으로 통제하지 않는 이상 위로부터의 통제를 받아야 했던 거예요.

소련도 중앙집권적 정치가 강력하게 작동했던 1950년대가 경제 황금기였습니다. 이때 경제성장률은 10퍼센트에 달했고, 기술개발 속도도 자본주의 사회와 큰 차이가 없었으며, 어떤 부문에서는 자본주의 사회를 압도할 정도였지요. 1950년대부터 1960년대 초반 사이에 소련이 세계 최초로 인공위성과 원자력발전소, 제트기를 만들기도 했고요. 중앙의 통제가 강력하고 관료들이 합리적 자원 배분을 할 수 있는 경우에, 적색 개발주의는 어떤 단계에서는 자본주의를 압도할 만한 효율성을 얻을 수 있습니다. 1950년대에 중국이 소련 모델을 받아들이고 북한이 동구권의 원조를 받아 차후에 박정희가 도달했던 10퍼센트 이상의 성장을 이뤄낸 것이 우연이 아니었지요.

그런데 적색 개발주의의 정치적 역동성은 이후 문제가 되었습니다. 1960년대에 접어들면서 소련에서는 관료제가 다소 분산되었어요. 위로부터의 강력한 통제가 줄어든 채 부서와 지방마다 북한식으로 말하자면 일종의 소왕국이 꾸려졌으며, 관료들도 합리적이라기보다는 자신의 이해관계에 따라 자원을 배분하기 시작했습니다. 그러면서 소련 체제의 장점이 급속히 사라져 갔지요. 집권 세력의 위계질서적 통제가 강할 때 적색 개발주의 체제는 비교적 잘 운영되지만, 그 통제가 약화되면 자원 배분이 비효율적으로 이뤄지고 노동 생산성의 증가 폭도 작아지면서 개발이 주춤해지는 겁니다.

이렇게 말하면 제가 적색 개발주의를 미화하는 것으로 오해하실 수도 있는데, 그건 절대 아닙니다. 분명 개발주의 자체를 미화할 순 없어요. 적색 개발주의라 하더라도 그것을 추진하려면 어디선가 개발에 투자될 잉여를 끌어와야 하거든요. 시장 자본주의라면 식민지 착취를 통해 그 잉여를 창출했겠지요. 일본이 조선과 대만을 착취했던 것처럼요. 그런데 소련이나 중국, 북한은 그렇게 착취할 수 있는 식민지가 없었습니다. 그렇다면 어떻게 문제를 해결했을까요? 이들은 일국 내의 농업 부문에서 잉여를 착취하는 방식으로 나아갔습니다.

대부분의 적색 개발주의 국가에서는 도농 격차가 매우 심각했습니다. 초기에는 더더욱 그러했지요. 모든 투자가 도시에 집중되면서 그만큼 개발이 빨라지긴 했지만, 농업에는 집중 투자가 이뤄지지 않았어요. 1970년대에 도농 격차가 극심했던 한국에서 어떤 일이 벌어졌는지 아실 겁니다. 서울의 4분의 1이 일명 달동네였어요. 농민들이 고향을 등진 채 일자리를 찾아 서울로 몰려든 것이지요.

그런데 적색 개발주의 국가에서는 통상적으로는 혁명이 일어나고서 10~15년 이후에 농업 집단화가 이루어졌고, 농민들이 도시로 몰리는 걸 막기 위해 이동 통제 정책을 실시합니다. 중국에서는 농촌에 사는 사람이 자유롭게 도시로 갈 수 없는 호구제를 실시함으로써 도시에 판자촌이 생기는 걸 막았지요. 결국 판자촌이 만들어지진 않았지만, 농민들 입장에서는 이게 정당한 건 아니었습니다. 말하자면 적색 개발주의도 결국 누군가의 희생을 강요할 수밖에 없는 겁니다.

한편 적색 개발주의 국가들은 세계 핵심부로부터 기술을 이전받아 경제를 부흥시켰습니다. 이 점은 한국을 비롯한 후발 자본주의 국가들과 별반 차이가 없었어요. 소련 최초의 대중적인 자동차 모델인 '지굴리(서방에서의 별칭은 '라다')'는 이탈리아의 피아트를 거의 그대로 따라하는 식이었습니다. 이탈리아의 기술에 의존해서 자동차 공장을 만들었으니 당연한 결과였지요. 적색 개발주의도 핵심부에 대한 종속을 완전히 끊어낼 수 없었던 겁니다.

하지만 무엇보다도 적색 개발주의의 가장 큰 족쇄는 과다한 군비 지출이었습니다. 적색 개발주의 국가의 입장에서 보면 핵심부

소련에서 큰 인기를 누렸던 소형 자동차 지굴리를 생산하는 현장. 이 자동차의 원형은 이탈리아의 피아트-124였다.

세력과 그 주변부에 있는 주구들은 늘 위협이었지요. 미국이나 일본, 남한과 같은 적들에 대항하기 위해 이들은 군사 부문을 엄청나게 키워나갔습니다. 소련은 국민총생산의 20퍼센트가량을 군비에 쓸 정도였지요. 군사 기술에 투자가 집중되다 보니, 세계 최고의 탱크나 미사일을 만들긴 했어요. 현재의 경제력으로 봐선 남한에 비해 엄청나게 뒤떨어지는 북한이 지금까지도 인공위성이나 미사일은 남한보다 더 잘 만들지요. 하지만 내구재를 비롯한 일반 소비재에 투자할 여력이 없다 보니 이들 제품의 품질이나 디자인은 엉망이었습니다. 최고의 무기를 만들면서도 최악의 소비재를 양산해낸 거지요.

사적 소비는 극도로 억제되었지만 문화적으로는 풍요로웠던 시대

적색 개발주의가 시행된 국가에서는 이후로도 이 시기에 대한 노스탤지어가 상당히 강합니다. 요즘 중국에서는 노동자들이 한국보다 훨씬 파업을 많이 하는데요. 노동자들이 가두 행진을 하면서 마오쩌둥 초상화를 방패처럼 들고 다녀요. 경찰도 그런 초상화를 든 사람에게 덤벼들지 못합니다. 그 정도로 마오쩌둥 시절에 대한 노스탤지어가 강한 겁니다. 현재 북한의 주민들도, 김일성 집권기를 이상적 사회로까지 보고 있진 않지만, 많은 경우에는 그때처럼 배급이 잘 이뤄지면서 배급량이 좀더 늘어나고 민간 시장도 허용된다면 좋겠다고 여기고 있습니다. 그 시절이 분명 향수의 대상이지요. 러시아에서는 절반이 넘는 사람들이 소비재 생산의 측면에선 최악이었음에도 불구하고 여전히 계획경제를 원하고 있고요. 이들은 왜 이런 반응을 보이는 걸까요?

시장 개발주의를 진행하다 보면 민중들은 기존 공동체의 해체로 인해 엄청난 고통을 겪습니다. 한국의 1970년대를 돌이켜보면, 농민들이 짐을 꾸려서 서울로 옮겨와 판자촌에 가고 공장에서 초과 착취를 당하면서도 노조를 꾸리는 것조차 불허되었지요. 적극적인 개발이 이뤄지는 도시에서도 개개인은 파편화되어 갔고요. 이는 공동체가 고통스럽게 해체되는 과정에서 겪게 되는 일들입니다.

반면에 적색 개발주의 국가는 민중을 포섭할 수 있는 기제가 상당히 많았습니다. 그래서 스탈린, 마오쩌둥, 김일성 등에 대한 지지가 지속되었던 거예요. 이들은 도심에도 농촌 공동체와 유사한 공동체를 재현시킵니다. 중국에서는 직장을 '단웨이單位'라고 하는데, 여기에는 뭐든 다 있어요. 일단 단웨이를 배정만 받으면 그 안에 병원이나 학교를 비롯해 생활에 필요한 것들이 모두 있어서 밖에 나갈 필요가 없습니다. 어떤 단웨이의 경우에는 일자리 세습까지 가능하지요. 평생직일 뿐만 아니라 세습직까지 되는 거예요. 중국 노동자 입장에서 보면 과거의 농촌 공동체가 거기에 그대로 살아 숨 쉬고 있는 것이지요. 물론 단웨이는 이동이 어렵고, 상사와 심각한 문제가 생기면 끝장일 거예요. 계속 눈치를 봐가면서 살아야 하는 아주 좁은 공동체이지요. 하지만 무난하게만 굴면 굶어 죽지 않으면서 평생 잘 살고 자손들도 번성할 수 있는 안락한 곳이기도 하고요.

소련은 직장 세습까지는 안 되었지만 대부분의 사람들이 평생직을 당연시했습니다. 직장은 정말 집 같아서, 저희 어머니도 종종 저를 직장에 데려가 동료들에게 맡겨놓고서 자기 일을 보시곤 했어요. 한국에서는 급전이 필요하면 은행이나 사채업자에게 갈 텐데, 소련에서는 그럴 때 직장의 노조 위원회나 동료들에게 도움을 청했습니다. 뭔가 어려운 일이 생기더라도 직장 내에서 해결이

가능한 데다가 해고는 거의 불가능했습니다. 해고를 하려면 직장 지배인과 노조 위원장의 서명이 필요했으니, 노조 위원장이 반대하면 해고를 할 수 없었던 것이지요. 노조 위원장이 자기 직권으로 해고를 막을 수 있다니, 한국에서는 꿈도 꾸기 어려운 일이잖아요?

최순실 사태 이후 비리의 온상으로 등장한 미르재단 때문에 자주 회자된 '미르mir'라는 말은 러시아어로 슬라브족의 전통적인 시골 공동체를 가리킵니다. 적색 개발주의가 실시되면서는 소련 도심에 미르가 재현되었어요. 소비재는 엉망이었고 빵을 구하기 위해 식량 보급소에 가서 줄을 서야 했으니 불만이 없었던 건 아닙니다. 하지만 고립의 공포 없이 평생 삶을 보장받을 수 있다는 점이 민중들을 사로잡았어요. 자본주의 사회에서 냉전 시대의 소련은 비밀경찰이 다스리는 암흑의 전체주의 사회로만 묘사되곤 했는데, 실제로는 이런 측면도 있었던 겁니다.

제가 소련에서 고등학교에 다니던 시절에 페레스트로이카가 시작되면서 모든 정치범들이 다 풀려났습니다. 양심수도 일괄 석방되었지요. 이때 전체 인구는 2억 명이 넘었지만, 이중에서 양심수는 200여 명 정도였고 대부분은 변방 소수민족의 분리 독립 민족주의자들이었습니다. 정치적 자유가 없었지만 양심수가 이 정도밖에 안 되었던 것은, 사회 내부가 평생직장을 중심으로 아주 잘 포섭되어 있었기 때문이에요. 이렇게 본다면 적색 개발주의 사회는 민중 친화적인 측면이 꽤 있었던 겁니다.

반면에 남한에서는 개발 과정에서 민중에 대한 포섭은커녕 기본적인 배려조차 거의 없었어요. 북한에서는 1950년대 말부터 무상의료와 무상교육 체제가 정비되었는데, 남한의 경우는 이런 제도는 고사하고 기초적 복지 제도조차 머나먼 과제였지요. 1980년대 후반에 이르러서야 최초로 최저임금이 책정되었고요. 멋들어지게 소비재를 만들지만 개개인이 고립된 채 기본적인 복지 혜택을 누리지 못하는 노동자와 서민 입장에서 보면, 적색 개발주의 사회가 부러울 수도 있을 겁니다.

한편 소련 사회는 사적 소비가 대단히 억제되어 있었지만 문화적으로는 대단히 풍요로웠습니다. 책 외에는 소비할 수 있는 게 없어서였는지 독서광들이 아주 많았어요. 도서관이나 체육관, 문화궁전 등이 번성했고요. 함께 책을 읽는 독서회, 교외로 나가 여가 활동을 즐기는 조합, 시를 짓고 기타를 치면서 노래하는 모임 같은 것들이 활발하게 활동을 벌였습니다.

한국에서는 아이를 학원에 보내려면 상당한 돈이 들지만, 제가 소련에서 자랄 때는 체스를 두고 지질학과 고고학을 배우는 등 아주 많은 과외 활동을 했음에도 돈 한 푼 내지 않았어요. 그 대신 빵을 사기 위해선 줄을 서야 했던 거지요. 어찌 보면 소비에 들어가는 돈은 똑같은데 소비의 형태가 달랐다고도 볼 수 있습니다. 저처럼 사적 소비에 비교적 무심한 사람들은 공적 소비가 극대화

소련에서는 식량을 구하기 위해 보급소에 가서 줄을 서야 했지만, 그와 동시에 여가 시간에 유유히 공연을 즐기는 삶 또한 가능했다. 아래 사진은 현재 카자흐스탄의 카라간다시에 남아 있는 문화궁전의 모습.

되는 방식을 선호하지만, 어떤 시스템이 더 좋은지에 대해서는 각자 입장의 차이가 있겠지요.

이 시기 소련의 성문화도 잠시 소개해드릴게요. 혁명 초기에는 민족적 소수자와 여성의 권리 확장이 주요한 정책 과제 중 하나였습니다. 그러면서 원칙상으로는 양성평등이 굉장히 빨리 이루어졌어요. 공식 통계에 따르면, 한국에서는 일할 수 있는 연령대 여성의 노동시장 진출률이 50퍼센트를 조금 넘어섭니다. 성인 여성 중에서 전업주부나 비공식 부문 종사자들이 그만큼 많은 것이지요. 그에 비해 소련에서는 일할 수 있는 연령대 여성이 일하지 않는 경우는 거의 없었습니다. 여성의 직장 진출이 아주 빨랐고 노동은 여성이 누릴 수 있는 권리로 여겨졌습니다. 혁명 이후에 허용되었던 낙태는 스탈린 체제 때 잠시 금지되었지만, 그가 죽자마자 다시 자율화되어서 스탈린 이후의 소련은 낙태 비율이 가장 높은 나라이기도 했습니다.

소련은 여성의 권리에 비교적 민감한 사회였고, 여성들이 학자나 작가로 성공하는 경우도 많았습니다. 하지만 정치 지도자의 여성 비율은 상당히 낮았어요. 콜론타이라는 독보적인 여성이 정치에 투신해서 노르웨이와 스웨덴 등지에서 세계 최초의 여성 대사로 활약하기도 했지만, 대부분의 정치 지도자들은 나이가 많은 남성들이었습니다.

이와 관련한 또 하나의 문제는, 여성이 모두 직장에 다니는 사회임에도 집안일을 공동으로 분담하는 문화가 정착되지 못한 점입니다. 집안일을 무조건 여성에게 맡기는 시골 공동체 같은 분위기가 이어지다 보니 여성에게 이중 부담이 가해졌지요. 직장에서 일하고 집에 돌아와서는 남편이 텔레비전을 보는 동안 아내가 요리를 하는 전근대적인 풍경을 자주 볼 수 있었습니다.

한편 1920년대 초반에 소련은 동성 결혼이 가능한 세계 유일의 국가였습니다. 혁명 이후의 자유로운 사회 분위기를 짐작하게 해 주는 사례입니다. 하지만 스탈린이 집권하면서 제정러시아 때 있었던, 그리고 그 당시에 대부분의 서방 국가에서도 존재했던 동성애에 대한 형벌이 부활돼요. 스탈린 집권기에는 문화적으로도 이렇게 퇴보가 시작된 거예요. 스탈린 사후에도 성소수자에 대한 억압은 이어집니다. 이는 적색 개발주의의 수많은 문제점 중 하나로 지적되어야 할 겁니다.

자본주의의 대안을 고민해보는 반면교사로서의 적색 개발주의

적색 개발주의 국가에서 체제를 바꾸고 싶어했던 이들은 역설적으로 이 사회를 운영하는 관료들이었습니다. 남한에서 신자유주의를 도입하길 원했던 사람들이 재벌과 관료들인 것과 마찬가지인 겁니다. 민중이 원한 게 아니라 삼성이나 현대 같은 재벌과 이들에게 종속된 관료들이 IMF라는 위기를 틈타 신자유주의를 도입한 것과 유사하지요.

소련이나 중국의 관료들은 아무리 높은 직위에 오른다 해도 퇴직하고 나면 끝입니다. 남는 게 없어요. 중국에서는 고위직이 '태자당(지도자들의 자손 집단)' 안에서 세습적으로 독점되기도 했지만, 소련은 그런 게 불가능했습니다. 아무리 높은 관료라 해도 자식들은 평범한 직장인이었지요. 소련 공산당 총서기의 자식들이 무슨 일을 했는지 아시나요? 스탈린의 딸은 통역관, 흐루쇼프의 아들은 미사일 설계사, 브레즈네프의 딸은 번역가였습니다. 퇴직을 하면 자신의 권력이 자식에게 이어지지 않은 채 다른 관료에게 이전되다 보니, 아무리 나라를 운영한다 해도 사적으로 생산 시설이나 권력을 소유할 수 없었지요.

그런데 소련이나 중국의 관료들은 자본주의 국가의 지배층처럼 살고 싶어했습니다. 말하자면 공장을 위탁받아 운영하는 게 아니라 직접 소유해서 운영하고 싶어한 거예요. 적색 개발주의 국가에서는 관료들이야말로 가장 먼저 계급적 자각을 해나가는 사람들입니다. 마치 한국에서 강남 사람들이 정확히 자신의 이해득실을 계산해서 투표하는 것과 마찬가지에요. 실제로 소련 말기에 대부분의 관료들이 그런 식으로 계급 투표를 했고요. 이들은 어떻게든 자신의 소유권을 확보할 수 있는 진짜 자본주의 사회로 넘어가고 싶어했던 겁니다.

관료들이 정치 영역까지 독점하고 있는 상황에서 민중들이 이를 막기는 어려웠습니다. 게다가 관료들은 자본주의로의 체제 전환을 시도하면서 그때까지 억제되었던 사적 소비에 대한 사람들의 욕망을 자극했어요. 소련 사람들은 실업 공포로부터 자유로웠

1990년 1월 31일, 모스크바에 최초의 맥도날드가 문을 열자 수많은 이들이 이 가게 앞으로 몰려들어 줄을 섰다. 서방 세계 내지는 소비의 자유를 상징하는 맥도날드에 대한 호기심이 한껏 집중된 것이다.

고 마음껏 취미 생활을 했으며 훌륭한 도서관과 문화궁전과 체육관을 이용할 수 있었지만, 만져볼 수조차 없는 소비재가 한두 가지가 아니었습니다. 자동차를 구입하려면 10년은 줄을 서서 기다려야 했어요. 자동차 자체가 없다 보니 공기는 좋았지만요.

관료들은 외국자본을 끌어들여서 소비 욕망이 억제되어 있는 사람들에게 그것을 맛볼 기회를 줍니다. 1990년 1월 31일, 모스크바에 최초의 맥도날드가 문을 열자 매장 앞은 그야말로 사람들로 인산인해를 이뤘어요. 집권 관료들은 그렇게 사람들에게 소비주의의 단맛을 보여주면서 체제 전환의 동의 기반을 구축했습니다. 개혁·개방과 외자 종속적 경제가 그렇게 도래한 겁니다. 저는 못 가봤습니다만, 평양에 자주 드나드는 제 동료들 이야기를 들어 보면 요즘은 평양에도 맥도날드는 아니지만 햄버거 가게가 꽤 많이 들어섰다고 합니다. 북한에서도 중산층들이 서서히 외국풍의 소비를 시작하고 있고, 이런 작업을 통해서 북한 정권은 자본화 과정을 원활히 하려는 것이겠지요. 정부 부문과 민간 부문이 각각 절반 정도를 차지하는 혼합 경제를 운영하고 있는 북한으로서도 이제 슬슬 체제 전환을 준비하고 있다고 봐야 할 거예요.

이런 이유로 소련이나 중국, 북한에서는 체제 전환이 이뤄지더라도 잠재적 저항이 쉽게 무마됩니다. 소련과 중국에서 체제 전환에 반대하는 노동자들의 파업이 잇따랐지만, 결과적으로 민중들은 집권 관료들이 원하는 방향을 따랐어요. 체제 전환 1세대들은 외국자본을 통해 자유롭게 사적 소비를 할 수 있는 현재에 주목했을 뿐 본인의 자녀를 비롯한 후손들이 비정규직 노동자로 살게 될 미래는 실감하지 못했습니다. 좀더 시간이 흘러 후속 세대들이 평생 대물림처럼 비정규직 노동자로 살게 되리라는 것을 자각한다면 비로소 자본주의에 대한 본격적인 저항이 일어날 겁니다.

적색 개발주의는 사회주의를 지향하는 혁명을 경험한 주변부와 준주변부의 특수한 개발 형태입니다. 그런데 관료들이 개발을 주도하다 보면 어느 시점에 이르러서는 자본가로 변모하기 때문에 이 형태가 지속되기는 어려워요. 집권 세력의 입장에서는 사적 소유권이 확보되지 않는 사회를 오래 견딜 수 없는 거예요. 그래서 역사적으로 볼 때 적색 개발주의는 길어야 70~80년 정도 되는 제한된 시기에 일어날 수밖에 없습니다.

비시장적인 적색 개발주의는 사회주의라는 간판을 내걸지만 실제로는 마르크스가 생각했던 사회주의로 나아가지 않습니다. 진정한 사회주의를 원하던 이들은 체제 밖으로 내쳐지면서 상당수는 도륙을 당하지요. 집권 관료들은 사회주의라는 간판은 보존하지만 실제로는 경제개발을 해나가고요. 이 과정에서 사회의 일부 계층, 특히 농민들은 상당한 착취를 당합니다. 하지만 국가가 기업 대신 개발의 주체로 나서면서 중앙집권적 통제가 이뤄질 때는 투자 효율성이 높고 개발 속도도 빠릅니다. 또한 과거의 공동체가 도시에 재현되면서 민중들은 안정된 생활을 영위할 수 있습니다. 그래서 민중들 역시 이런 체제를 열렬히 반기고요. 기본적으로는 다수의 동의 기반을 확보한 체제로 봐야 할 거예요.

하지만 양질의 사적 소비재는 꿈꾸기 어렵고, 직장이나 주거지를 옮기기도 힘듭니다. 자기 노동력을 팔러 외국에 나가는 건 꿈도 꾸기 어려운 이야기지요. 이런 체제에서 인간은 기본적으로 상품이 될 수 없습니다. 안락하면서도 답답한 양가성이 있는 거예요. 하지만 아무것도 소유할 수 없는 이런 체제를 원치 않는 관료들은 결국 자본주의로의 체제 전환을 시도합니다.

이때 적색 개발주의 체제가 정보통신 혁명에 제대로 대응하지 못한 점이 체제 전환의 명분으로 대두되기도 했습니다. 이는 적색 개발주의 체제의 가장 큰 약점이에요. 기술을 혁신하려면 자체 개발만으로는 한계가 있고 유럽이나 미국, 일본 등 핵심부 국가에게 기술을 이전받아야 하는데요. 자원 배분을 많이 받지 못하는 민간 부문에서는 재정 부족과 외교·안보 차원의 한계(정치적 이유로 인한 기술 이전 거부 등)로 이게 결코 쉽지 않았습니다. 반면에 군사 부문에서는 지나치게 많은 자원이 낭비되었고요.

그런데 체제 전환을 하고 나면 소비재는 좋아지지만 외국에 대한 종속성은 더더욱 강화됩니다. 기술뿐만 아니라 자본시장과 소비시장마저 핵심부에 종속되는 거예요. 이는 관료들이 자본가로 변신하기에 더할 나위 없이 좋은 환경입니다. 하지만 사회는 더더욱 주변부로 종속되면서 이전에는 생각지 못했던 새로운 문제들이 대두됩니다. 민중의 입장에서는 사적 소비를 늘릴 순 있지만, 개인이 고립되고 불안정성이 강화되면서 계약직과 비정규직 문제가 불거지지요. 자본주의로 체제를 전환한 구소련의 계승 국가들이나 중국도 어느 시점에 이르면 적색 개발주의의 경험을 재평가하면서 궤도를 수정할 가능성이 있습니다.

혁명을 거치지 않고서 기존의 토호와 유생들이 친일파를 거쳐 친미파가 되고, 다시 자본가와 관료가 되면서 반동적 개발을 해온 한국 사회를 둘러보세요. 우리는 이런 개발이 진행될 때 어떤 문제가 발생하는지 익히 잘 알고 있습니다. 이런 개발이 이뤄질 때 권력을 틀어쥔 관료와 재벌들은 국가를 하나의 기업으로 사고합니다. 그런 국가에 공공성이 깃들 리 만무하겠지요.

우리가 적색 개발주의의 경험을 그대로 모방할 수는 없고, 그럴 필요도 없습니다. 다만 이 경험에서 들여다봐야 하는 지점이 있습니다. 기본적으로는 사적 자본이 아닌 국가가 주체가 되어 경제발전을 할 수 있다는, 즉 비시장적인 산업사회가 가능하다는 것을 실제로 일어났던 하나의 사실로 받아들이는 데서 출발해야겠지요. 그런 사회가 가능하다면, 과거의 소련이나 중국, 북한보다 민주적이면서 개인의 권리가 더 잘 보장되는 비시장적 사회의 건설도 가능하지 않을까 하는 희망을 품어볼 수 있을 겁니다. 이들 적색 개발주의 국가의 경험을 보면, 사기업이 반드시 있을 필요는 없으며 그 대신 국가가 경제를 운영하더라도 사회가 운영된다는 것을 알 수 있는데요. 기술적으로 그것이 가능하다면, 당 관료가 아닌 민중이 중심이 되어 그런 비시장적인 사회를 만들어가는 가능성도 타진해볼 수 있겠지요. 즉 자본주의의 대안을 모색하는 데 있어 앞서 기술한 적색 개발주의의 경험은 상당히 유용한 자산이 될 겁니다.

찾아보기

ㄱ

ㅂ

ㅅ

ㅇ

ㅊ

ㅋ

ㅌ

ㅍ

ㅎ

숫자

러시아 혁명사 강의

다른 미래를 꿈꾸는 사람들에게

초판 1쇄 발행 | 2017년 9월 27일
신장판 3쇄 발행 | 2023년 3월 20일

지은이 | 박노자
펴낸이 | 임윤희
디자인 | 석운디자인
제작 | 제이오

펴낸곳 | 도서출판 나무연필
출판등록 | 제2014-000070호(2014년 8월 8일)
주소 | 08613 서울 금천구 시흥대로73길 67 금천엠타워 1301호
전화 | 070-4128-8187
팩스 | 0303-3445-8187
이메일 | woodpencilbooks@gmail.com
페이스북 · 인스타그램 | @woodpencilbooks

ISBN | 979-11-87890-10-2 03920

• 이 책의 국립중앙도서관 출판시도서목록(CIP)은 e-CIP 홈페이지(www.nl.go.kr/cip.php)와
국가자료공동목록시스템(www.nl.go.kr/kolisnet)에서 이용하실 수 있습니다.
(CIP 제어번호: CIP2018011396)